Mulher Preta na política

MARIELLE
PRESENTE!

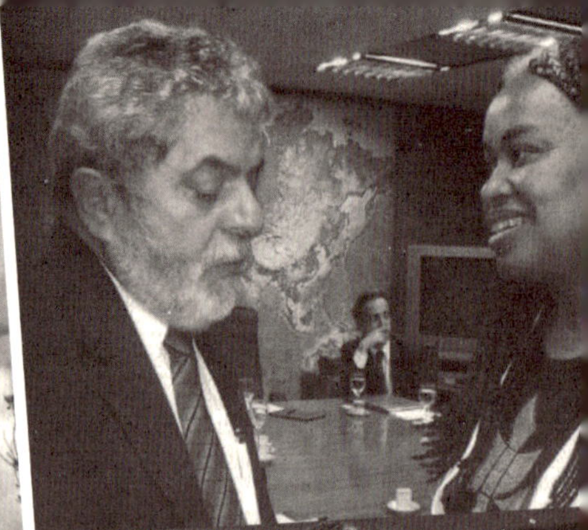

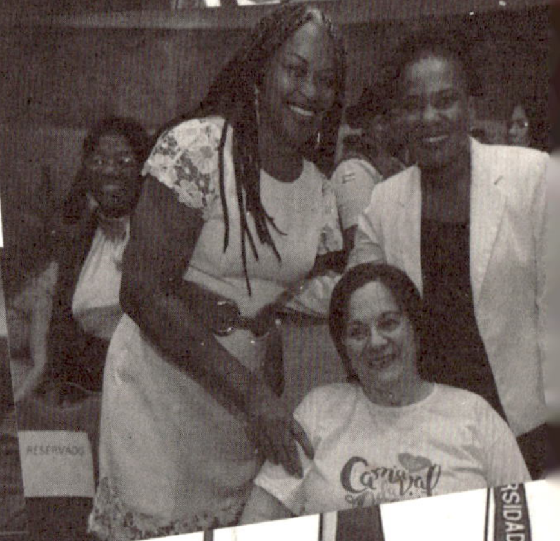
RESERVADO

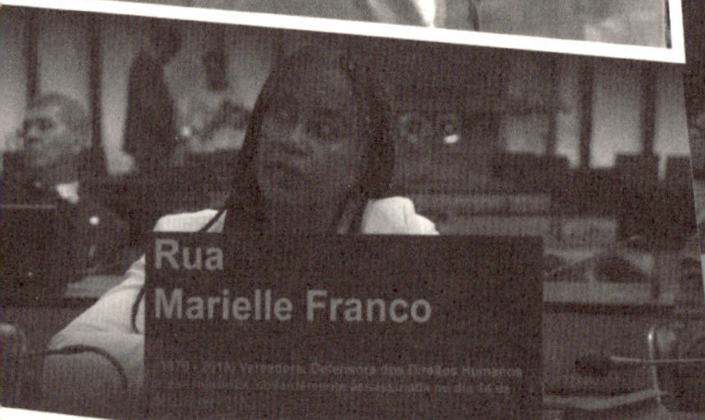
Rua
Marielle Franco

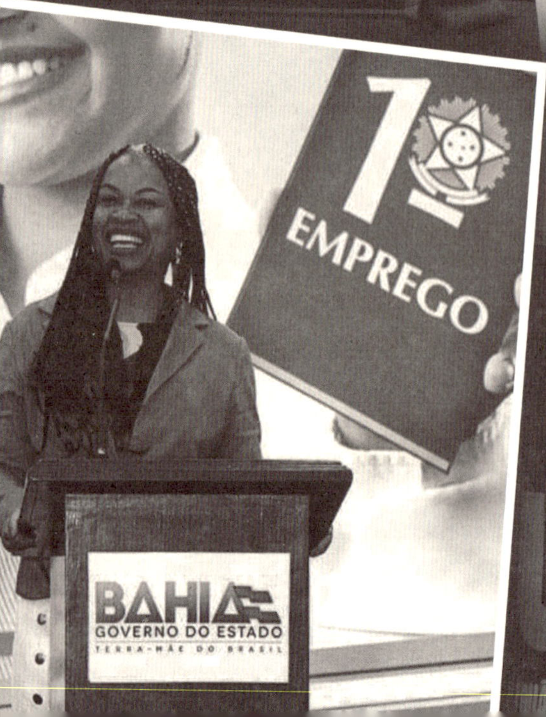
EMPREGO
BAHIA
GOVERNO DO ESTADO
TERRA-MÃE DO BRASIL

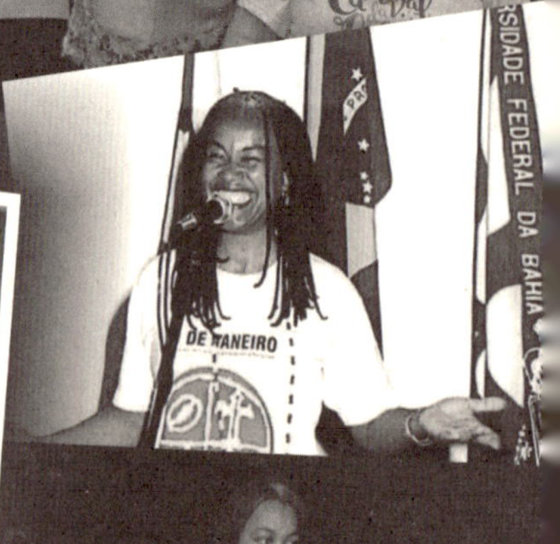
RSIDADE FEDERAL DA BAHIA

UNEGRO

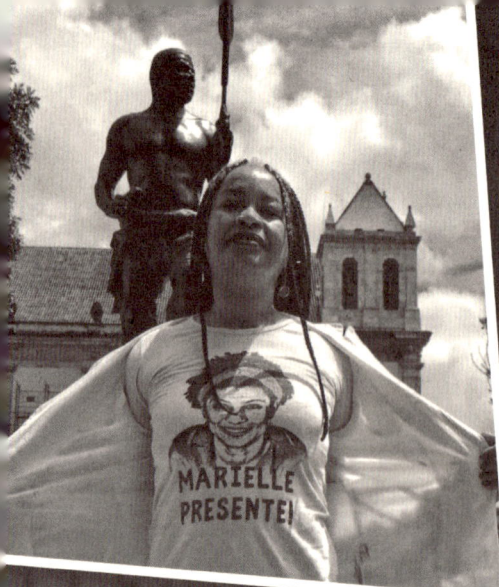

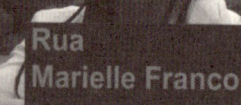

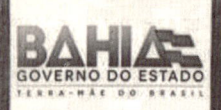

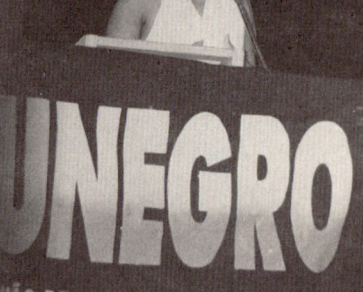

Olívia Santana

Mulher Preta na política

Todos os direitos desta edição reservados à Editora Malê.
Direção: Francisco Jorge & Vagner Amaro

Mulher Preta na política
ISBN: 978-65-87746-98-2
Edição: Vagner Amaro
Foto de capa: Saulo Kainuma
Capa: Dandarra Santana
Diagramação: Maristela Meneghetti

Texto revisado segundo o novo Acordo Ortográfico da Língua Portuguesa.
Proibida a reprodução, no todo, ou em parte, através de quaisquer meios.

Dados internacionais de catalogação na publicação (CIP)
Vagner Amaro – Bibliotecário - CRB-7/5224

S232m	Santana, Olívia 　　　Mulher Preta na política / Olívia Santana. 　　— 1. ed. — Rio de Janeiro : Malê, 2023. 　　226p. 　　ISBN 978-65-87746-98-2 　　1. Negras - Atividades políticas - Brasil 　　I. Título. 　　　　　　　　　　　　　　　CDD 305.42

Índices para catálogo sistemático: 1. Negras — Atividades políticas 305.42

Editora Malê
Rua Acre, 83, sala 202, Centro. Rio de Janeiro (RJ)
www.editoramale.com.br
contato@editoramale.com.br

SUMÁRIO

Agradecimentos 9
Prefácio 11
1. Introdução 17
2. Um pouco de quem sou e do que a luta fez de mim 27
    2.1 Meus passos na educação e na política 41
    2.2 De servente de escolinha a Secretária Municipal de Educação 49
    2.3 Um corpo feminino e negro na Secretaria do Trabalho, Emprego, Renda e Esporte 73
3 Breve diário de uma militância 87
4. Mulheres negras: vencendo estereótipos e ocupando espaços de poder 103
    4.1 A cultura da negação de identidades e o papel das leis nº 10.639/96 e nº 11.645/96 na contracultura de afirmação 115
5. Além de pretas, feministas nas eleições municipais: o tal do empoderamento e a tal da representação política 129
6. Sobre leis, votos e financiamento de campanha de mulheres negras 139
    6.1 Gênero e raça na política de financiamento de campanha 148
7. Lutas identitárias, democracia e perspectiva socialista 161

8. Vitória de Lula, da esperança e da democracia.............................179
Considerações finais..201
Referências...213
Anexo: Cartas das mulheres ao povo brasileiro...................................221

AGRADECIMENTOS

A todas as pessoas que fazem parte da minha caminhada, que acreditam num projeto generoso de sociedade e que me trouxeram até aqui.

A minha amada filha, Nanny Santana, que praticamente me empurrou para o computador, dizendo: "Você pode, você vai conseguir fazer seu livro".

A minha mãe, que lutou muito pela minha sobrevivência e forjou em mim valores baseados na solidariedade e humanismo para uma vida inteira.

A meu pai, Manoel Ricardo que, embora fosse muito rigoroso em certas circunstâncias, geralmente era divertido, bem-humorado, gostava de música e era fã de Quincy Jones.

Às amigas queridas e mulheres feministas, antirracistas que me dão ombro, apoio e acreditam que podemos construir juntas: Ubiraci Matilde, Mary Castro, Ângela Guimarães, Karla Ramos, Helenira Meira, Sirlene Assis, Mel Girassol, Juçara Lopes, Uiara Lopes, Daniele Costa, Isabela Conde, Naira Gomes, Vivian Carolina, Paulete Furacão, Milena Passos, Fernanda Bezerra e Manuela d'Ávila.

À camarada Luciana Santos, mulher negra, presidenta nacional do PCdoB e primeira mulher a ocupar o cargo de ministra da Ciência, Tecnologia e Inovação.

À escritora Bárbara Carine, nossa "intelectual diferentona", pois, quando pensei em desistir de dar continuidade a este livro, li uma postagem dela revelando suas próprias dificuldades no processo de escrita de uma de suas obras, o que me fez ver as minhas limitações com menos rigor e mais coragem de encarar o desafio do primeiro livro.

À doce, generosa e inesquecível professora e militante antirracista Clarice Pereira dos Santos (*in memoriam*), vítima da covid-19.

Aos amigos queridos Ramon Bonfim, Alex Reis, Jerônimo Jr., Geraldo Galindo, e outros homens que contribuem com a minha caminhada, regando os nossos laços de amizade e lutando contra a sub-representação política de mulheres negras, mas também aprendendo a desconstruir o machismo, ainda que esse seja um processo tortuoso e longo.

Ao grande amigo Haroldo Lima (*in memoriam*), que lutou toda vida por um país socialista e, em muitos momentos chaves, usou a sua voz para denunciar o racismo.

PREFÁCIO

Por meio da sua "escrevivência", Olívia Santana nos conta as lutas travadas desde a infância vivida com sua mãe e a irmã. Existem momentos de fome, barracos insalubres, dores, miomas e sangues. Um retrato da falta de acesso aos direitos sociais básicos, como habitação e saúde, que é experienciado por grande parte da população preta brasileira. *Mulher Preta na Política* reafirma a importância da educação como fundamental para a mudança na trajetória de vida das pessoas negras. As lutas e conquistas narradas, como dito na introdução do livro, são "Testemunhos no plural, ainda que a partir de experiências próprias".

Sendo eu investigadora das artes, culturas e políticas, que sempre considerei os fundamentos de raça e de gênero em todos os processos, e uma educadora envolvida com o ser político, me vejo, me espelho e me enxergo neste livro.

Mulher Preta na Política potencializa a afirmativa que temos propalado há muito tempo: não basta termos parlamentares negras e negros se estes não representarem as reinvindicações históricas do movimento negro. Com 19 anos de experiência em cargos políticos, Olívia Santana nos convida ao "reencantamento com a política", destacando que, para pessoas negras e indígenas, é estratégico marcar presença na política partidária, mesmo sabendo das limitações impostas nas instituições que funcionam dentro da lógica do racismo estrutural.

A autora discorre sobre a sub-representação negra na democracia brasileira, fazendo-nos lembrar da afirmação feita por Beatriz Nascimento há 43 anos, de que "o negro não tem apenas espaços a conquistar, tem coisas a reintegrar também, coisas que não são reconhecidas como suas características". Essa "reintegração de posse", como costumo dizer, passa pelos espaços de poder da política institucional.

O povo preto tem sido roubado historicamente, de 1500 até os dias de hoje, e isso gera muito ódio. Porém, é preciso transformar o ódio em indignação contra o sistema de opressão, para que não nos transformemos em uma bruta máquina de guerra. Amar às/aos às nossos/as, ter momentos de prazer e de lazer e olhar para as outras pessoas são ações importantes para que possamos derrotar essa lógica podre e doente que nos direciona para o afastamento do afeto positivo, que tentam nos impor cotidianamente. O amor e a prosperidade são revolucionários para o povo preto e enquanto não estiverem garantidos para todo mundo, precisamos lutar, ou melhor, como se diz na quebrada, *tretar*.

No primeiro capítulo, "Um pouco de quem sou e do que a luta fez de mim", Olívia Santana nos conta sobre sua infância numa ocupação em Ondina, bairro em que nasceu e de onde sua família foi despejada. Seguiram à Boca do Rio, onde viveram por um tempo num casebre, para logo tentarem a sorte no bairro de Cajira. Nesses caminhos, os laços de solidariedade entre mulheres se impõem diante da necessidade. A autora também apresenta os passos de uma mulher negra que foi favelada, a qual começou a trabalhar aos 14 anos como faxineira e teve sua trajetória transformada pela educação escolar e pela participação em movimentos sociais.

"Estudo individual e leitura para entender as coisas para além das opiniões superficiais". Essa foi sua receita para traçar a emocionante caminhada de quem teve seu primeiro emprego com carteira assinada como servente de escola. Olívia também foi merendeira, professora, coordenadora pedagógica e então tornou-se Secretária da Educação e Cultura da capital da Bahia. Apenas um dos muitos cargos de gestão que ocupou ao longo de sua carreira. Esta é uma obra de uma experiência vivida e escrita em primeira pessoa, e isso emociona.

Em "Mulheres negras: vencendo estereótipos e ocupando espaços de poder", Olívia Santana focaliza os estereótipos referentes ao caráter, às capacidades, às potencialidades e aos demais atributos de pessoas negras presentes na sociedade brasileira. Estes estereótipos são utilizados para fundamentar a superexploração da força de trabalho dos corpos negros, a manutenção do patriarcado e do capitalismo, bem como para obstacularizar o nosso acesso aos espaços de poder.

A autora relata episódios em que, já exercendo altos cargos na política, se deparou com o preconceito e falas racistas, como quando ouviu de uma pessoa: "Fiquei surpreso com seu discurso. Não imaginava que você era tão inteligente". É o que costumamos chamar de "racismo da surpresa", tão conhecido por nós, pessoas negras. Nosso corpo não é visto como um corpo que ocupa lugares de decisão. Assim, a não aceitação da nobre e pedagógica presença negra só revela mais do mesmo atraso da sociedade brasileira. A trajetória de Olívia, no entanto, aponta futuro, vanguarda, evolução.

Importante lembrar que, não por acaso, desde 2018, quando há um expressivo aumento de mulheres negras eleitas, cresce também o número de situações de violência contra essas mulheres, motivando ainda mais a propositura de projetos de lei e de campanhas pelo fim da violência de gênero na política.

No capítulo "Sobre leis, votos e financiamento de campanha de mulheres negras", descortina-se o processo que faz com que seja tão difícil eleger mulheres, principalmente negras. Desse modo, pontua-se o quanto, numa sociedade patriarcal como a nossa, os homens, especialmente os brancos, combinam condições políticas, econômicas e culturais historicamente construídas e acumuladas que lhes permitem ocupar majoritariamente esses espaços. Olívia Santana dialoga sobre como os partidos que são, na maioria, dirigidos por homens brancos, privilegiam a permanência no poder daqueles que são "a sua imagem e semelhança", deixando para segundo plano mulheres, negros e trans que, mesmo militando fortemente nessas instituições partidárias, recebem atenção e recursos de campanha desiguais nos processos eleitorais.

Em "Lutas identitárias, democracia e perspectiva socialista", a autora inicia afirmando que "as lutas identitárias não são obstáculos para as lutas democráticas centradas no enfrentamento ao sistema socioeconômico. Ao contrário, elas são uma necessidade histórica da democracia". A importância desse debate vem aumentando a cada dia, tendo em vista que muito se tem utilizado a expressão "pautas identitárias" para diminuir ou menosprezar as lutas sociais históricas das populações menorizadas. Essas pessoas mal-intencionadas procuram agir como se uma pessoa branca não possuísse também uma "identidade", desconsiderando que homens, ou héteros, , na verdade, fazem parte também de grupos identitários.

Assim, comportam-se como se fossem a representação da norma, sendo todas as demais, as outras, "identitárias".

A autora, contudo, demonstra o quanto rotular os movimentos sociais em uma só vertente é uma forma preconceituosa de negar ou diminuir o papel civilizatório e transformador que esses movimentos carregam. Olívia Santana assevera que o seu desejo é de que *Mulher Preta na Política* seja um recurso pedagógico que impulsione especialmente as mulheres negras, mas não só estas, de maneira a ampliar o número de pessoas que se posicionam e se mobilizam por mudanças.

Considerando esse seu objetivo, aproveito para enfatizar que muitas de nós, mulheres negras, já sabemos o que não queremos como representação política. Tivemos um exemplo muito negativo nos últimos quatro anos, e agora precisamos buscar informações sobre o que queremos. Necessitamos saber dizer o que é positivo, o que é bom. E, com toda certeza, as reflexões trazidas por Olívia Santana, em Mulher *Preta na Política*, são de grande valia para este aprendizado.

Ancestralmente, é sabido por nós, povo preto, que bom mesmo é todo mundo unido. Não há lei maior do que a diversidade, regra absoluta da humanidade. Não adianta quererem assorear o rio; nós somos um rio que transborda, somos natureza viva. E vivas permaneceremos. Por isso, necessitamos constantemente trocar, alterar, alternar. Agora é a hora.

Em Vitória de Lula, da esperança e da democracia, Olívia Santana discorre sobre a eleição de Lula, maior estadista brasileiro vivo, que derrotou as forças reacionárias. A luta será longa e árdua, mas o que vimos ao longo da campanha eleitoral foi um Lula "novo", atualizado, elaborando ideias fundantes: associando raça, gênero e classe de maneira política e pedagógica. A autora traz para a cena as mulheres negras eleitas neste contexto desafiador, em que se impõe a este novo governo a tarefa de reestabelecer a democracia tão duramente fragilizada, olhando-nos, negras e negros, para além de destinatários das políticas públicas, e sim como escreventes e pensantes das mesmas.

Sem mais delongas, é urgente ler este livro, que se soma à literatura política de resistência negra por alternância de poder!

Vamos fazer a gira girar. Axé!

Érica Malunguinho.[1]

---

[1] Érica Malunguinho, primeira mulher trans eleita deputada em São Paulo, é mestra em Estética e História da Arte, pela Universidade de São Paulo, e criadora do espaço cultural Aparelha Luzia, ambiente fomentador de produções artísticas e intelectuais, na capital paulista.

INTRODUÇÃO

Não foi fácil escrever este livro. Muitas vezes olhei para a tela vazia do computador, buscando preenchê-la com uma história, um relato de experiências. Foi, sim, um processo de idas e vindas, em meio à pandemia e às campanhas eleitorais. Desisti algumas vezes, achando que não era para mim. Eu sempre fui da palavra oral, aprendi cedo a perder o medo de falar sobre o que me incomoda. As surras que tomei de minha mãe e de meu pai – que educavam suas filhas e filhos castigando-os, para que a vida não o fizesse de maneira ainda mais dura, como eles diziam –, a educação repressora de minha época de infância e adolescência, não conseguiram me silenciar. Falo com muito mais facilidade do que escrevo. Mas aceitar desafios é o que me puxa para frente e me faz crescer.

Mulher Preta na Política é um esforço de compartilhar com mulheres negras, com outras mulheres e com todas as pessoas interessadas na luta pelo empoderamento feminino negro a minha visão sobre a participação de mulheres negras na política e em disputas eleitorais. Exponho aqui parte da minha experiência, entretanto, não é um livro apenas sobre mim, mas sobre nós que lutamos contra o racismo, que nos lançamos ao desafio de democratizar o parlamento e torná-lo mais acessível aos corpos e pautas negras, indígenas, LGBTQIAP+ e popular, com maior expressão da classe trabalhadora.

Não há aqui, no entanto, uma visão ingênua da minha parte de que é possível transformar a sociedade a partir, apenas, da nossa presença no parlamento burguês, num país de estrutura originalmente escravocrata, racista, patriarcal, capitalista, e dirigido, na maior parte do seu tempo histórico, por forças conservadoras, reacionárias. A minha ideia é provocar a reflexão sobre a necessidade de ampliarmos a participação das mulheres negras na atividade política partidária, a fim de que não sejamos apenas eleitoras, mas também as eleitas, com consciência crítica e capacidade de enxergar e desmantelar os tradicionais esquemas de manipulação do voto das pessoas negras e populares. Pretendo, mais que uma leitura convencional, que este livro seja um recurso pedagógico, considerando a importância de mobilizar, em especial, mulheres negras, mas não somente essas, para ampliar a massa crítica que pressione por mudanças, por uma democracia que incorpore a nossa diversidade de gênero e étnico-racial brasileira.

Não é um trabalho acadêmico, dentro dos parâmetros do que se espera de um texto intelectual formal. É um livro construído na experiência concreta, nas minhas vivências cotidianas de mulher negra na vida pessoal, no movimento social, na política institucional e regado por autoras e autores que li e aprendi coisas ou que estimularam o meu senso crítico. São escritas que desenvolvi na busca de refletir sobre os desafios da inserção de nós, mulheres negras, na política, no desafio de nos firmarmos como representantes institucionais de organizações, partidos políticos, de ocuparmos cargos eletivos, seja nas câmaras municipais, nas assembleias legislativas, no parlamento ou no poder executivo, a partir de uma visão feminista, antirracista e anticapitalista.

Apresento testemunhos no plural, ainda que a partir de experiências próprias, modelando debates sobre o que é sentir na pele os efeitos do racismo e, mesmo assim, insistir, desafiar e se inserir na política institucional, dimensão que organiza o poder representativo, determinando quem não terá acesso a ele – as/os excluídas/os. Porém, animada pelo questionamento sobre quem representa tal poder, e sua distância com o poder participativo popular, o que requer reencantamento com a política e que estejamos, nós, mulheres negras, nos representando e construindo uma democracia menos excludente, embora não tenhamos grandes expectativas com a democracia liberal, que emerge do sistema capitalista.

É estratégico, portanto, a presença das mulheres, sobretudo negras e indígenas, nesta quadra de debate e disputa do poder político, articulando esta luta com a luta de classes, gênero e orientação sexual, por uma nova ordem democrática. Encanta-me a possibilidade de sermos, cada vez mais, agentes com potencial transformador da realidade e suas múltiplas formas de opressão.

A história anda, e os conceitos se reorientam por outras materialidades, assim a classe social se diversifica e se altera a cada momento determinante de desenvolvimento do capitalismo, mas também a consciência de classe num país marcado pela escravidão e pelo racismo, de estrutura fortemente patriarcal onde tantos feminicídios ainda acontecem, requer a visão interseccional de gênero, raça e classe como marcadores indissociáveis da produção das desigualdades.

Desse modo, este livro aborda questões sobre a sub-representação negra na democracia brasileira, a identidade, a cidadania, a relação das candidaturas com o eleitorado, o peso do poder econômico no financiamento do processo eleitoral, a baixa presença de mulheres e homens negros nas instâncias de direção partidárias, a conquista de mandatos e a manutenção deles, entre outros. São assuntos que me mobilizam durante estes trinta anos em que milito no movimento negro e nos dezenove anos em que tive a oportunidade de exercer cargos públicos.

Aqui compartilho com vocês, no primeiro capítulo, a minha experiência de militante antirracista, feminista e anticapitalista e como me tornei vereadora e, em seguida, a primeira mulher preta Secretária de Educação de Salvador. Relato o que significou estar à frente da Secretaria de Políticas para as Mulheres da Bahia, e depois ser designada secretária – a primeira preta – de Trabalho, Emprego, Renda e Esporte, em 50 anos de existência da SETRE, num estado negro como a Bahia. Como me tornei a primeira deputada preta da Assembleia Legislativa, incorporo também histórias e exemplos de parlamentares negras de outros estados brasileiros.

No terceiro capítulo, abordo os estereótipos que as mulheres pretas enfrentam desde a formação da sociedade brasileira e como isso impacta negativamente na nossa caminhada por empoderamento, especialmente em disputas eleitorais. No quinto capítulo, falo sobre financiamento de campanha eleitoral e a importância de termos mecanismos legais, a exemplo das cotas de partilha do Fundo Especial Eleitoral e do Fundo Partidário, para dar suporte econômico e tornar viáveis as candidaturas negras, indígenas e de mulheres.

No sexto capítulo, trago a temática da luta identitária, a democracia e a perspectiva socialista, assuntos que precisam ser enfrentados pelos partidos de esquerda, que são os que se pretendem comprometidos com mudanças na ordem social imposta pelo capitalismo e que se organizam a partir da premissa de que um outro mundo é possível – lema do Fórum Social Mundial, organizado no Brasil por forças de esquerda. Em Frente ampla, vitória apertada, mas a democracia renasceu em festa trato do resultado das eleições de 2022 e a vitória estratégica de Lula sobre a extrema direita! Destaco, também, a pequena, mas valorosa bancada de mulheres pretas, indígenas e trans, que chega pela força dos movimentos sociais pra fortalecer a luta democrática no Congresso. Em seguida, vêm as minhas conclusões e perspectivas.

A minha origem social e experiências sempre me empurraram para a política. Eu nasci Maria Olívia Santana, nome escolhido pelo meu pai, mas, no meio político, embora eu goste muito de Maria, sou chamada de Olívia Santana. Minha mãe era espírita e nos levava desde pequenas, eu e minha irmã, para as reuniões doutrinárias todos os domingos, na Federação Espírita Baiana, localizada em Salvador, na Praça da Sé. Eu achava chato, mas ia, pois não tinha escolha. Ela, então, me inscreveu nas aulas de evangelização, junto com outras crianças. Era muito melhor, uma vez que tinha músicas, brincadeiras e passeios.

Cresci participando de ações sociais de arrecadação de alimentos e roupas para doações. Íamos de porta em porta pedindo ajuda às pessoas. Tudo que recebíamos era destinado ao centro espírita e, periodicamente, visitávamos o Instituto dos Cegos e o Leprosário, onde levávamos doações e lanches para amenizar o sofrimento dos assistidos. Embora fôssemos uma família extremamente pobre, que também precisava de auxílio para sobreviver, essa experiência religiosa nos possibilitava enxergar, na articulação coletiva, uma forma de ajudar a nós mesmos e a outras pessoas em situação semelhante.

Quando eu tinha 18 anos, participei do movimento *Espiritismo e as Questões Sociais*. Tínhamos um grupo de estudo que se reunia semanalmente para debater textos espíritas e outras fontes com ênfase na ideia de que nem todo sofrimento humano poderia ser justificado por causas espirituais. Mais que isso, defendíamos a participação na política numa perspectiva progressista. O grupo chegou a estudar o livro *Fidel e a Religião*, de Frei Betto. Posso dizer que foi assim que comecei a me interessar pela política de esquerda.

Mas a militância na Universidade Federal da Bahia foi, sem dúvida, a abertura de portas para uma maior compreensão do mundo e das desigualdades históricas. Imaginem o que faz uma universidade na cabeça de uma faxineira, favelada, inquieta que resolve cursar Pedagogia. É uma revolução mental. No meu primeiro ano de faculdade, em 1987, já entrei no movimento estudantil. Terminei o ano eleita vice-presidente na chapa do Diretório Acadêmico de Pedagogia. Tudo era novo e atraente, dentro e fora da sala de aula. A leitura de textos sociológicos e filosóficos e a militância política passaram a ser o combustível que alimentava um ao outro. Lia porque tinha sede de conhecimento, e militava porque queria pôr em prática aquele mundo possível que o capitalismo nos impedia de conhecer.

Quando se lê *Pedagogia do Oprimido*, de Paulo Freire, se entende o quão poderosa é esta obra. Toda classe trabalhadora deveria tê-la como um livro de autoajuda verdadeiro, porque vai à raiz dos problemas sociais, um livrinho de cabeceira, que tantos oprimidos podem ler e encontrar explicação sobre os males que sofrem. Eu agradeço demais o impacto das obras de Freire e Dermeval Saviani, da pedagogia crítico-social dos conteúdos, na minha formação profissional e política.

A Mãe, de Máximo Gorki, foi outro livro que contribuiu enormemente para o meu desenvolvimento. E não poderia deixar de mencionar também a obra *Por uma Educação Libertadora*, um livro marcante sobre educação e feminismo de Suzana Albornoz Stein, que problematizava o papel das mulheres enquanto educadoras e, ao mesmo tempo, educandas de uma sociedade machista, que as faziam reproduzir na educação o que aprendiam nas instituições de Estado, sobretudo as religiosas com suas mensagens de hierarquias de gênero.

São autores e autoras brancos que a academia nos oferecia no processo de formação, com forte teor de problematização das relações sociais na perspectiva de classe, e até de gênero, mas pouco se abordava a questão racial. Contudo, foi a universidade que me proporcionou o contato com as ideias revolucionárias de Marx, que conheci lendo *O Manifesto do Partido Comunista, O Capital, A Miséria da Filosofia, A Ideologia Alemã*, entre outros. Não só nas aulas de filosofia ou sociologia, como também nas interações com os grupos do movimento estudantil e partidos de esquerda, a exemplo do PCdoB, no qual ingressei aos 23 anos e nele atuo até hoje.

Eu me apropriei dos estudos de pedagogia, indissociáveis da minha formação humana, entendendo que não dá para percorrer com consistência os caminhos da política de esquerda, a qual se propõe a romper com uma ordem socioeconômica injusta, sem o cimento ideológico que só o estudo pode nos dar.

Mas foram os movimentos negro e feminista que me proporcionaram maiores saltos no entendimento da realidade das mulheres e homens negros na composição da classe trabalhadora e na sociedade em geral. Sem a consciência da luta antirracista as páginas deste livro, *Mulher Preta na Política*, não seriam escritas. Portanto, os conhecimentos que adquiri e processei no feminismo e antirracismo me deram a régua e o compasso para me entender como mulher negra, compreender as estruturas racista e sexista que me diferenciam das mulheres brancas, assim como dos homens brancos e negros, gerando em torno de mim e de todas as mulheres negras, a despeito do grau de discriminação, um cinturão de exclusão. Tornar-me ativista das causas das mulheres, dos negros e da classe trabalhadora estudando Educação foi um processo libertador, buscando relações que gerassem, sem departamentalizações, uma unidade emancipatória.

Tal aprendizado contribuiu para, no ambiente comum, em coletividade, insistir na perspectiva de uma totalidade, além de emancipações formais hierarquizadas, circunscritas às identidades, escapando das armadilhas do racismo, do sexismo, mas também do economicismo, articulando, com muitas e muitos, a visão socialista.

No movimento negro eu deixei de ser apenas uma boa executora de tarefas que ajudava a empoderar homens como meus representantes e passei a ser vista como alguém capaz de representar mulheres e homens de diversos segmentos que reivindicam suas pautas e defendem o bem comum.

A política partidária se desenvolveu paralela a minha vida profissional de professora graduada em Pedagogia, até que, como vocês lerão mais adiante, assumi pela primeira vez o mandato de vereadora de Salvador. Unir pessoas em torno de uma causa, me associar a elas, caminhar junto, travar a luta coletiva, reivindicando direitos, enfrentando o capitalismo, o racismo estrutural e o sexismo, ganhando e perdendo, mas sempre acumulando experiências, tem sido a minha caminhada e a de outras mulheres negras que acessam espaços de poder, sendo exceções de uma regra brutalmente desequilibrada. Conquistar a confiança de milhares de pessoas para que elas saiam de suas casas e cheguem até o local de votação decididas a eleger uma mulher negra, porque acreditam na nossa capacidade de exercer liderança e de defender aquilo que elas defendem como pauta política e social, é um feito que envolve um longo processo histórico.

Gerações e gerações de parlamentares e governantes brancos, de forças políticas da direita liberal e da extrema direita, a exemplo dos bolsonaros, entraram para a política como herdeiros ou mesmo herdeiras, como se os cargos públicos fossem patrimônios familiares, e a política, uma carreira. Na esquerda, e na minha experiência concreta no PCdoB, aprendi que os movimentos sociais são a grande escola que realiza a política como arte do engajamento em causas coletivas. Os mandatos conquistados com luta são para servir à causa da emancipação popular. E este é o olhar que me guia na política e que orienta também outras camaradas e companheiras que atuam nesta trincheira.

Em uma entrevista, a deputada Erica Malunguinho afirmou:

> Tenho uma história profissional como professora e uma produção artística que, embora esteja adormecida, tenho consciência de que ela tem potencial de circulação. Tenho muitas garantias para além de me garantir dentro da esfera pública e política, porque eu nem olho para isso como emprego. Eu vejo como uma responsabilidade histórica, que eu não determino como meu futuro eterno.[2]

---

[2] VIEIRA, Douglas. A força do agora de Erica Malunguinho. *Elástica*. 21 fev. 2021. Disponível em: <https://elastica.abril.com.br/especiais/erica-malunguinho-politica-transfobia-presente-futuro/.>Acesso em: 24 fev. 2021.

Tal visão nos inspira a seguir em frente, trazendo outras para fazer da política um espaço verdadeiramente democrático, capaz de se renovar em representação de corpos, mentes e ideias de transformação social.

A política tem um extraordinário poder de transformação quando a classe trabalhadora, as mulheres, as pessoas negras, indígenas, LGBTQIAP+, com deficiência, a juventude e as diferentes gerações participam dela com consciência de raça, classe e gênero. É o espaço em que mulheres e homens podem trabalhar juntos pelo feminismo, exercer na prática o compartilhamento do poder que emancipa e liberta. É o lugar onde a luta de resistência ao racismo pode ser travada não apenas pelas pessoas negras, mas também pelos brancos capazes de refletir sobre seus privilégios históricos e seu papel na desconstrução da opressão racista.

Mulher Preta na Política é um convite especial às mulheres negras a disputarem os espaços de decisão, para que alcancem o terreno da política com a mesma coragem que se põem diante da vida repleta de desigualdades e ampliem suas vozes e ações transformadoras de toda a sociedade.

UM POUCO DE QUEM SOU E DO QUE A LUTA FEZ DE MIM

Quem conhece o atual bairro de Ondina, que já figurou em novelas, com seus prédios e apart-hotéis para a alta classe média de Salvador e turistas de elevado poder aquisitivo, não sabe que ali existiu, na beira da praia, uma ocupação organizada por pessoas majoritariamente negras, em suas lutas pelo direito à moradia, a chamada invasão de Ondina. É de lá que eu venho, onde eu nasci e fui despejada com toda minha família quando tinha menos de quatro anos de idade. Numa ação sumária, imposta pelo então prefeito Antônio Carlos Magalhães, através do Decreto nº 3816/1970, fomos jogadas no bairro da Boca do Rio, onde os desterrados da cidade, em meio ao desespero de perder o quase nada que possuíam, precisaram levantar novos casebres para se abrigar. Um lugar onde não havia habitação, nem esgotamento sanitário, nenhuma infraestrutura e ainda tomado por uma grande escuridão durante a noite, já que energia elétrica também não havia.

Sem dúvida, ninguém descreveu melhor a favela do que a escritora Carolina de Jesus, senhora de uma inteligência que a degradação dos lixões não foi capaz de apagar. Em seu livro *Quarto de Despejo*, ela afirma: "Eu classifico São Paulo assim: O Palácio é a sala de visita, a Prefeitura é a sala de jantar e a cidade é o jardim. E a favela é o quintal onde jogam os lixos"[3]. E segue analisando sua própria posição na perversa engrenagem das desigualdades de classe estruturadas em bases racistas:

> Quando estou na cidade tenho a impressão que estou na sala de visita com: seus lustres de cristais, seus tapetes de veludos, almofadas de cetim. E quando estou na favela tenho a impressão de que sou um objeto fora de uso, digno de estar num quarto de despejo.[4]

A metáfora desenvolvida por Carolina se aplica a todas as favelas, em qualquer lugar do Brasil ou do mundo, e não somente em São Paulo.

Naquela cena trágica de despejo, na invasão de Ondina, na Bahia, éramos três mulheres sobreviventes de uma história familiar de extrema pobreza. Minha mãe, Maria José, teve oito filhos, mas perdeu quatro para a meningite, a poliomielite e outras doenças, e um foi sequestrado e nunca mais encontrado. Meu irmão Nilton, sobrevivente como eu e minha irmã Eliana, morava com o pai dele, um operário da construção civil, um mestre de obra considerado bem-sucedido, porque tinha uma residência digna, de cimento e concreto e bem mobiliada para a sua família. Enquanto isso, Mainha lutava para criar as duas filhas, como podia, sozinha e com uma mísera renda de trabalhadora doméstica destituída de qualquer direito trabalhista.

Após passarmos a noite no barraco de uma vizinha, dona Zita, que minha mãe destacava que era uma senhora que tinha marido, e por isso construiu casa no mesmo dia do despejo, ainda que improvisada com lascas de madeira, meu pai apareceu. Ao saber

---

[3] JESUS, Carolina Maria de. *Quarto de despejo – diário de uma favelada*. São Paulo: Editora Ática, 2014. p. 32.
[4] Ibidem, 2014, p. 37.

da notícia das famílias desabrigadas, que repercutiu nos noticiários da época, felizmente ele foi nos procurar e improvisou um barraco para a gente morar. Nossa casa tinha paredes de madeira e telhado de zinco. Quando chovia, era um barulho infernal, além das frequentes goteiras e infiltrações. Não era uma casa muito engraçada como na música da roda de infância. Era uma casa possível, que emergiu da escassez, frente ao pedaço de chão vazio que a prefeitura nos oferecia. Sem energia elétrica, era iluminada pelo candeeiro improvisado numa garrafa de refrigerante, com querosene e pavio de cordão. Hoje reflito como não sofremos um acidente com aquilo, já que ficávamos sozinhas em casa, eu e minha irmã, a maior parte do tempo, enquanto mainha trabalhava.

A vida corria na Boca do Rio isolada do resto da cidade. Parecia um pequeno município do interior, com imensas dificuldades, mas também com a beleza da natureza. O transporte era muito precário e escasso e não havia instituição alguma de serviços públicos. Embora fosse muito pequena, me lembro das dunas de areia, dos riachos aonde as lavadeiras iam com suas trouxas de roupa para lavar, inclusive minha mãe. Ainda me lembro de ouvir aquelas mulheres, na beira do rio, cantando "A flor da laranjeira", música gravada por artistas como Claudete Macedo, Clemilda e Beth Carvalho.

Algumas famílias criavam galinhas e porcos, e os bichos-de--porco se proliferavam na areia. Assim, os pés das crianças e dos jovens e mesmo dos adultos estavam sempre infestados do parasita. Minha mãe vivia esquentando agulha no candeeiro e retirando bichos dos meus pés e dos pés de minha irmã, Eliana, mas sempre nos contaminávamos, pois andávamos descalças nas areias das dunas e quintais onde os porcos eram criados.

O mar era próximo e muitas vezes íamos à praia brincar na areia, molhar os pés na maré, catar pinaúma (ouriço-do-mar), para assar e saborear aquela massinha amarela escondida no casco duro e espinhoso, e correr atrás dos aviões que decolavam do aeroclube.

Certa vez, minha irmã pegou uma briga com um menino na praia, e ele deu uma garrafada no nariz dela. Rapidamente sua face e suas roupas ficaram ensanguentadas. Eu gritava aterrorizada com aquela cena. Corremos para casa, em busca de mainha, que usou uma toalha para tentar conter o sangue, enquanto se apressava para levar Nana ao pronto-socorro. Eu fiquei com dona Zita, nossa vizinha. Quando elas voltaram, um curativo de esparadrapo e gaze envolvia o nariz e parte do rosto da minha irmã, situação que as crianças da rua aproveitaram para lhe chamar de careta. A mãe do adolescente, autor daquela violência, o repreendeu, mas ficamos com muito medo do valentão, que já era conhecido pelas arruaças que promovia no bairro.

Na verdade, Eliana carrega ainda hoje as marcas e sequelas físicas e emocionais da vida dura que levamos. Eu tive certa vantagem porque minha mãe e ela, que era a irmã mais velha, cuidaram de mim, me protegeram e me alimentaram do jeito que elas puderam. Nana era uma criança cuidando de outra, quando minha mãe saía para trabalhar, como ocorre em milhares de lares, ainda hoje, à revelia do que determina o Estatuto da Criança e do Adolescente.

Quando eu era adolescente, ouvi conversas de minha mãe sobre uma tragédia que minha irmã presenciara e que me deixou estarrecida. Eu me perguntava: como Nana pode viver carregando o trauma de ter assistido ao pai se suicidar quando ela tinha apenas cinco anos de idade? Quando aconteceu, eu ainda não era nascida.

Havia um silêncio sobre esse assunto, porque mainha achava que se não falasse, estaria nos poupando. Ela desabafava, às vezes, com pessoas do centro espírita. O apoio psicológico das pessoas pobres, para processar seus dramas e tragédias, geralmente é a religião. Nas atividades religiosas minha mãe sempre orava pelo espírito dele.

Nana também nunca foi de falar muito sobre si, sobre seus sentimentos ou sobre esse sombrio episódio de sua vida. Contudo, com a visão que eu tenho hoje pudemos conversar mais cuidadosamente sobre o que se passou, e foi uma verdadeira catarse. Minha irmã não conseguia parar de falar, relatando os fleches que tem até hoje do pai atirando na própria cabeça, do sangue respingado nela, da dor que a atravessou por toda a vida por ele ter morrido daquela forma, da depressão que ela desenvolvera. Mas falou também do amor que sentia pelo pai, do tempo em que ele andava com ela a cavalo e da certeza que ela tinha do quanto ele também a amava.

Seu Anísio, como ele se chamava, era mais um homem negro, policial, com graves problemas de alcoolismo e perturbações psicológicas, vítima das múltiplas formas de violência, que num modelo de segurança pública que já nasceu falido, assim como tantos, ganhava um mísero salário para manter a chamada "ordem pública", sem nenhum suporte para o seu sofrimento psíquico.

Minha mãe contava das surras que ele dava nela, em inúmeros episódios de violência doméstica. O machismo, a misoginia eram marcas de um relacionamento extremamente abusivo. Entretanto, como mainha mesmo relata, ele demonstrava gostar muito da filha Eliana. Dos cinco filhos dessa relação, apenas minha irmã sobreviveu. Os outros morreram de meningite, varíola, poliomielite, num tempo em que não havia vacinas facilmente disponíveis nem existia bolsa família.

Mainha resolveu vender o barraco na Boca do Rio e, com o dinheiro, comprou as paredes de uma casa e o direito de morar nela por sete anos. A proprietária continuaria dona do solo. Era uma pequena casa de tijolos e telhas, no Alto do Canjira, cercada de muito mato e um perigoso barranco, também sem água e sem energia elétrica. Entretanto, era bem mais perto da Barra, onde minha mãe trabalhava na residência de um político chamado Ney Ferreira.

Ele era um político tradicional da ala mais direitista do MDB, que depois migrou para o PDS. Tornou-se deputado federal em 1966, ano em que eu nasci. Ney Ferreira era casado com dona Zizette de Carvalho Balbino Ferreira, filha do ex-governador da Bahia Antônio Balbino. Os dois me batizaram na igreja. Era comum, na época, políticos batizarem crianças como forma de cultivar uma imagem populista, eleitoreira, estando superficialmente com o povo, mas sem se comprometer com agendas de transformação social que efetivamente melhorassem a vida da população. Fico me perguntando onde estavam meus padrinhos ricos, fazendeiros, moradores de uma bela casa na Barra, que não nos socorreram quando fomos despejadas na invasão de Ondina. Eram pessoas da sala de estar, nem um pouco preocupadas com o que acontecia no quarto de despejo.

No Alto do Canjira, tinha luz elétrica no bairro, mas não em todas as casas. Continuamos a usar o candeeiro. Eu gostava de brincar com as nossas sombras que eram projetadas na parede, na penumbra. Anos depois, quando acessamos a luz elétrica, foi uma imensa alegria! A vida no Canjira era rodeada de pobreza, e a gente se virava como podia. O cenário das desigualdades sociais impõe uma guerra cotidiana pela sobrevivência que só os fortes conseguem vencer. Era muito comum enterro de anjinhos – bebês que não conseguiam passar de um mês de vida, devido à desnutrição.

Recentemente, em 2020, quando começamos a fazer doações de cestas de alimentos para aliviar a fome das/dos desempregadas/os, naquele bairro do qual eu nunca me afastei, encontrei Márcia, colega de infância. Ela agora trabalha como pescadora. Por um momento, conversamos, relembrando a fome e as necessidades do passado, quando saíamos no bairro catando ferro-velho e garrafas de vidro a fim de vender para reciclagem. Eram sacolas enormes desse material recolhido nos matos, nos lixos, que vendíamos por alguns trocados, quando eu tinha 9, e ela, 11 anos.

Mainha não gostava que nos ocupássemos com esse tipo de atividade, porém a gente fazia sempre que ela saía para trabalhar. Tínhamos somente autorização para irmos para a escola e voltar para casa. Ela tinha medo de nos envolvermos em confusões. No período de férias escolares, mainha nos deixava trancadas dentro de casa, eu e minha irmã. Mas a gente pulava a janela e ganhava o mundo. Vender ferro-velho, ir à roça catar cajá, jaca, abacate, era a garantia de um alimento melhor e mais gostoso do que o chicharro no almoço, a farinha seca com açúcar, ou farinha com café, no lanche da tarde, que eram tudo que minha mãe podia nos oferecer.

Em *A Miséria da Filosofia*, Marx diz que: "Numa sociedade fundada na miséria os produtos mais miseráveis têm a prerrogativa fatal de servir ao uso da grande maioria"[5] (p. 65). E foi dessa forma

---

[5] MARX, Karl. *A Miséria da Filosofia*. São Paulo: Global, 1985. p. 65.

naquele passado da minha infância e adolescência, e voltou a ser assim no presente. Sob o comando do capitão Jair Bolsonaro, o Brasil retornou ao Mapa da Fome da Organização das Nações Unidas (ONU). É com sobressaltos que vemos cenas dramáticas de mulheres negras disputando o carro do lixo ou centenas de pessoas esperando ossos nas filas de açougue, num contexto em que 55% da população do país está em situação de insegurança alimentar.

Eu comecei a trabalhar aos 14 anos, e executava vários serviços: cuidava de crianças, fazia faxinas trabalhos manuais de tapeçaria, crochê, macramê... Enchia tonéis de água por um cruzeiro, às vezes a metade deste valor. Tudo para ajudar a minha mãe. Ela, que trabalhou desde os 9 anos como doméstica, teve estafa física, e já não aguentava mais a labuta sozinha como lavadeira, cozinheira ou faxineira. Mainha sofria de uma enxaqueca terrível! Ela também tinha um mioma enorme que a fazia sagrar dolorosamente. Quando as crises se agravavam, eu a ajudava a lavar os paninhos de sua abundante menstruação.

Hoje penso, aliás, que a indústria precisa desenvolver absorventes biodegradáveis para reduzir o impacto do descarte de bilhões de absorventes no ambiente. O material reutilizável, depois de lavado, não é uma opção para quem vive em permanente restrição de acesso à água, conforme ocorre com muitas mulheres pobres ou abaixo da linha de pobreza. Além disso, é preciso de fato garantir que o absorvente higiênico seja um item da cesta básica, acessível às mulheres pobres e em situação de vulnerabilidade social.

Assim como minha mãe no passado, muitas mulheres negras sofrem, ainda hoje, com miomas e padecem nas filas de regulação dos hospitais públicos para realizar uma cirurgia eletiva de miomectomia (retirada de mioma) ou de histerectomia (remoção do útero junto com os miomas), Brasil afora. Desse modo, por essa e por tantas outras necessidades de assistência à saúde das mulheres, dos mais pobres e de todos aqueles que precisam, é fundamental a derrubada da famigerada Emenda Constitucional 95/2016[6]. Esta instituiu o Novo Regime Fiscal, no âmbito dos Orçamentos Fiscal e da Seguridade Social, também conhecida como Lei do Teto de Gastos, aprovada durante o governo Temer, em 2016, para o prazo de vinte anos de vigência. Só com a derrubada da Lei do Teto de Gastos poderemos ter investimentos na qualificação e ampliação do Sistema Único de Saúde (SUS), como sistema universal e capaz de tratar de toda a diversidade populacional brasileira.

    Na comunidade, os laços de solidariedade se impunham sobre a necessidade como estratégia de sobrevivência para muitas mulheres chefas de família. Era comum as mães desempregadas olharem os filhos das que trabalhavam. E dona Feliciana Assis da Boa Morte, uma ialorixá dona daquelas terras, tomava conta de todo mundo. Ela era uma espécie de autoridade local, respeitada por muitos e também temida por alguns. Diversas pessoas procuravam para pedir favores, conselhos ou reclamar da importunação de alguém da vizinhança.

    Seu terreiro de candomblé era uma grande casa azul de janelas brancas, muito bonita. Havia também as camarinhas, pequenas casas onde as pessoas ficavam reclusas, de resguardo, para receber seu orixá. Depois de um mês de recolhidas, as mulheres saíam

---

[6] BRASIL. Constituição (1988). Emenda constitucional nº 95, de 15 de dezembro de 2016. Disponível em: <http://www.planalto.gov.br/ccivil_03/constituicao/emendas/emc/emc95.htm>. Acesso em: 08 ago. 2021.

das camarinhas com as cabeças raspadas e pintadas. Eram as iaôs, pessoas iniciadas no culto aos orixás.

As festas religiosas de "saída de iaô" mobilizavam as atenções do bairro. A vizinhança ocupava as portas e janelas das casas, outros desciam a ladeira para ir ver de perto as iaôs tomadas pelos seus orixás, deixando as camarinhas e caminhando até o barracão onde os tambores, os cânticos e as danças aconteciam de maneira belíssima. E nessas ocasiões, muita comida era distribuída, ao final, para todo mundo que estivesse presente.

Toda segunda-feira, as crianças iam buscar pipoca nos terreiros de Candomblé do bairro, que eram três, o de Mãe Feliciana, o de Mãe Luzia e o de Mãe Maria. E no mês de setembro, havia as festas de São Cosme e São Damião, santos gêmeos no catolicismo, ou ibejis, orixás infantis, no Candomblé. Era servida a famosa balbúrdia, uma grande bacia cheia de caruru, com todos os demais ingredientes, vatapá, arroz, frango, pipoca, feijão preto, rapadura etc. Sete crianças sentavam em volta da bacia, e quando terminavam os cânticos, todas elas estavam autorizadas a comer. Eu sempre participava, e era rápida! Pegava logo uma das coxas do frango, comida que era bem difícil ter em minha casa.

A ialorixá Mãe Feliciana, mulher negra retinta, puxava de uma perna e tinha um grau bem acentuado de estrabismo, mas ninguém a chamava de zarolha ou ousava colocar-lhe qualquer outro apelido exótico, como costumava acontecer com outras pessoas com deficiência. Não me recordo do seu sorriso, mas lembro que a vizinhança respeitava suas determinações, até mesmo os que viviam em conflito com a lei.

Era uma mulher imponente, apesar de todas as limitações

físicas, e exercia uma enorme liderança no bairro do Alto do Canjira. A casa dela era uma das poucas que tinha água encanada. Também tinha uma fonte. Pessoas espíritas, católicas, evangélicas, sem religião, todo mundo buscava água na casa de Mãe Feliciana; na torneira para beber e na fonte para lavar a roupa, a casa, tomar banho e afins. E ela compartilhava, sem cobrar nada. Eu e muitas garotas e garotos do bairro, enchíamos tonéis para ganhar uns trocados. Carreguei muita lata d'água na cabeça – talvez venha daí a origem das minhas atuais hérnias de disco.

Lembro de um episódio que ocorreu envolvendo homofobia e misoginia, na beira da fonte. Eu deveria ter uns 10 anos. Até mainha, que aos 88 anos já esqueceu tantos fatos e até de pessoas que passaram por nossas vidas, também se recorda vividamente desse fato. Um dia, carregando água da fonte para encher o tonel de lá de casa, me desequilibrei e derrubei água no passeio de um vizinho, por onde a gente gostava de caminhar para fugir dos buracos da ladeira de terra batida. O dono da casa, um jovem chamado Mário, saiu furioso por eu ter molhado o seu passeio e me deu um empurrão. Caí com a lata d'água na cabeça, derramando toda a água. Indignada, chamei-o de veado, como era comum no repertório de palavrões das e dos adolescentes desbocados. "Puta", "veado", "sapatão", "corno", "piranha", "vagabundo" são xingamentos que povoam nosso repertório machista, LGBTfóbico e classista brasileiro, seja na ralé, na classe média ou nas passarelas das gentes de alto nível, quando se desce do salto para ofender alguém.

Numa reação exacerbada, ele jurou que ia acabar comigo. Assustadas, eu e minha irmã mais velha, que presenciara toda a situação, corremos e nos trancamos dentro da nossa casa. Mário juntou uns amigos, pegou um galão de gasolina e tentou tocar fogo no barraco. A vizinhança então veio ao nosso auxílio, pedindo para que nos poupasse e ele não se tornasse um criminoso.

Minha mãe, felizmente, voltou do trabalho mais cedo naquele dia e viu o bafafá formado em torno da nossa casa. Quando se inteirou do assunto, muito nervosa e rogando a ele que desistisse daquela atitude, minha mãe prometeu a Mário que me castigaria, para vingar sua honra de macho viril, violada pela pecha de veado que lhe fora imposta por mim. Mainha cumpriu a promessa. Deu-me uma surra terrível, mas me salvou a vida e a da minha irmã.

A LGBTQIA+fobia, a misoginia e o racismo são valores discriminatórios incorporados desde a infância. Assim somos socializadas/os. Chamar alguém de "veado" ou "sapatão", como forma de desqualificar a sexualidade dessa pessoa, é algo que a conscientização política me ajudou a superar do meu repertório. Por outro lado, se sentir menos hétero porque foi chamado de gay ou lésbica e partir para reações violentas revela a ojeriza que aquela pessoa tem pela homossexualidade, transexualidade ou pelo lesbianismo. O preconceito está presente em quem xinga e em quem se ofende com o xingamento. Precisamos educar nossas crianças, desde cedo, para o respeito e a aceitação do (a) outro(a). Numa faixa de uma parada gay havia uma potente frase de Audre Lorde: "Nada que eu aceite sobre mim poderá ser usado para me diminuir"[7].

No Canjira, aconteciam brigas terríveis. Uma vez uma amiga tomou um tiro dado pelo próprio irmão. Aquilo abalou o bairro, mas as investigações policiais concluíram que foi acidental, pois o

---

[7] LORDE, Audre. *Irmã Outsider:* Ensaios e Conferências. Belo Horizonte: Autêntica, 2019. p. 185.

irmão ficou em estado de choque. Ele não sabia que a arma estava carregada. Estavam brincando com a arma do pai, e ela disparou, atingindo a adolescente de raspão, no pescoço. Felizmente ela foi socorrida a tempo e se recuperou.

Contudo, a vida não era só pobreza e violência. Havia a beleza das brincadeiras e das festas. Ainda guardo na memória nossas simulações de programas de auditório, lideradas por um menino chamado Adilson e por Rosinha, minha melhor amiga e neta de Mãe Feliciana. Poucas famílias tinham televisão, mas sempre assistíamos da janela de alguém. Muitas vezes imitávamos o programa do Chacrinha. Alguma criança ou adolescente ia cantar, e o corpo de jurados, escolhidos entre nós mesmos previamente, aprovava ou reprovava aquela apresentação. Era como um teatro, que acontecia uma vez por mês, com palcos improvisados e cortinas de tecidos que pegávamos emprestado das nossas mães, muitas vezes sem o consentimento delas.

Mas o bom mesmo eram as festas do terreiro, tanto as religiosas como as discotecas que os filhos de Mãe Feliciana organizavam. O grande salão, onde os orixás manifestavam-se, transformava-se para receber os mortais dançantes, naquele tempo de ouro dos grandes sucessos da música negra.

Um dia mainha precisou dormir na casa da patroa dela e teve uma festa no barracão do terreiro de Mãe Feliciana. Era o auge das discotecas e do movimento *Black Power*. Eu era menor de idade, mas minha irmã deixou eu ir com ela. Os melhores hits de George Benson, Bob Marley, Jimmy Cliff, Gilberto Gil, Wilson Simonal, As Frenéticas, Donna Summer, entre outros faziam a gente extravasar na pista de dança.

Lembro-me vividamente que, naquela noite, em 1980 ou 81, não mais que isso, o salão ficou pequeno quando tocou "Rapper's Deligth", de Sugarhill Gang. Uma música extremamente dançante e um dos primeiros grandes sucessos do gênero rap no mundo. "Realce", "Toda menina Baiana", de Gilberto Gil, estavam entre as poucas músicas nacionais tocadas, numa festa hegemonizada pela música negra estrangeira, principalmente Michael Jackson, Bob Marley, Jimmy Cliff, Peter Tosh, o reggae e sua fascinante mensagem de resistência.

O terreiro era sem dúvida o centro cultural do bairro. Do lado de fora, tinha uma grande área à sombra de um pé de jaqueira. Ali surgiu o afoxé Nuvem Negra, organizado pelos filhos de Mãe Feliciana, José, Toinho e Raimundinho, e influenciado pelo famoso afoxé Badauê, que surgiu no bairro do Engenho Velho de Brotas. Contudo, embora um marco do carnaval da Bahia e fonte de inspiração para artistas de grande sucesso, como Caetano Veloso e Moraes Moreira, que cantaram músicas alusivas ao Badauê, durou apenas 15 anos, e depois desapareceu.

Todo sábado à noite centenas de pessoas iam participar dos ensaios do Nuvem Negra. Jovens dos arredores chegavam juntos, pois as rixas entre gangues rivais nos bairros, que já existiam naquela época, não eram tão impeditivas da circulação das pessoas entre uma localidade e outra, como vemos, infelizmente, hoje em dia em determinados lugares. Mas o Nuvem Negra, assim como tantos outros blocos e experiências culturais afro, não conseguiu se sustentar e também acabou.

Alguns anos mais tarde, quando fui vereadora, consegui a reforma do espaço cultural do terreiro de Mãe Feliciana. Depois que ela faleceu, sua filha Vitória, conhecida popularmente como Xota, passou a morar lá, mas não realiza mais as atividades religiosas. Ficaram a história e as lembranças. Mesmo assim, o espaço ainda é utilizado para festas, promovidas pela família ou pela vizinhança, já que o bairro, que é pequeno e bastante adensado, com moradias amontoadas umas sobre as outras, não dispõe de área de lazer, terreno livre de construção, ou sequer um equipamento público para atividades recreativas.

MEUS PASSOS NA EDUCAÇÃO E NA POLÍTICA

Ao longo da minha vida, já me deparei com várias pessoas que declaram ter entrado na militância política inspiradas na minha trajetória. Depoimentos muito sensíveis que me emocionam, aumentam o meu senso de responsabilidade e me fortalecem, pois sei que o caminho da política é árido, desafiador, sobretudo para mulheres, mais ainda para as negras, mas eu não o trilho sozinha. Como sempre vi a política como estratégia de transformação da sociedade, através da ação coletiva, tive dificuldade de parar e pensar em mim mesma como um caso de sucesso, como algumas e alguns insistem em dizer, principalmente jornalistas. O sucesso que me anima é aquele da pauta política, das conquistas que vêm da luta e produzem alterações na vida do nosso povo tão sofrido, sobretudo das mães e mulheres negras da classe trabalhadora.

A criminalização do racismo na Constituição de 1988, o alcance da autonomia das universidades federais, a implantação das cotas para negras e negros nas instituições de ensino superior, são exemplos de conquistas que fui vendo se materializarem, há algumas décadas, e me orgulhando de também ter participado das batalhas. Mas, de fato, para uma mulher negra como eu, nascida numa favela, que já foi servente e merendeira de escolinha, se tornar vereadora, deputada, ter passado por vários cargos públicos, numa sociedade marcadamente racista, classista e sexista, não é algo comum de acontecer. Sou uma exceção que evidencia uma regra de exclusão de raça, gênero e classe nos espaços de poder.

Quem me viu vencendo eleições, muitas vezes não sabe as derrotas que já acumulei. Na minha trajetória política, eu perdi mais eleições do que ganhei. Somei 3,5 vitórias, porém em 5 vezes não obtive êxito , do ano 2000 até 2018. Diante das vitórias, as derrotas são facilmente esquecidas, mas elas são dolorosas e fazem parte da pavimentação do caminho das mulheres negras na quadra excludente da política institucional. O poder é algo tão fechado entre homens brancos e ricos, que se torna quase impenetrável por pessoas não brancas, sobretudo mulheres pretas.

A raiz patriarcal sedimenta a formação cultural de quase todas as sociedades no planeta, e no caso do Brasil, o racismo estrutural associado ao patriarcalismo gerou uma cultura misógina e racista, que afasta, silencia e desautoriza mulheres negras a penetrarem territórios de poder. A voz das mulheres negras não parte das salas de estar, mas dos porões dos navios negreiros, das cozinhas, dos quintais e dos quartos de despejo das cidades. Nunca foi legitimada para o exercício da política, que tem a ver com a direção do conjunto da sociedade. Assim, a simples candidatura de mulheres negras a cargos públicos já é um ato de insurgência e subversão. Somos poucas, porém incomodamos ao nos colocarmos fora do lugar onde comumente somos fixadas.

Vencer eleições requer um eleitorado com senso crítico e consciência suficiente para delegar poder a alguém que destoa do padrão predominante no comando das instituições públicas. Vale lembrar Antonieta de Barros. Milhões de brasileiras e brasileiros não sabem quem ela foi, pois seu nome foi ocultado dos livros escolares por gerações e gerações. E muitas das pessoas que conhecem a história de Antonieta como a primeira mulher negra a exercer o cargo de deputada, em 1934, não sabem que, na verdade, ela nunca ganhou um pleito. Nas duas vezes em que assumiu o mandato na Assembleia Legislativa de Santa Catarina, o fez depois de ficar na suplência. Em cada uma das duas eleições que disputou, foi preciso aguardar um homem branco ser promovido a um cargo maior para ela assumir a cadeira de deputada. Sua inteligência e preparo certamente suplantavam muitos intelectos masculinos, mas as barreiras de gênero e raça atrasaram o seu caminhar, como ocorria e ainda ocorre com tantas mulheres pretas. Apesar disso, é irrevogável a contribuição de Antonieta de Barros para a história de luta por emancipação das mulheres brasileiras.

Filha de ex-escravizados, sua mãe era lavadeira na residência de um rico e tradicional político catarinense, o senador e ex-deputado Vidal Ramos. Foi nesse ambiente que Antonieta foi influenciada a entrar também na política. Em 1934, concorreu à eleição de deputada estadual, pelo Partido Liberal Catarinense (PLC), mas perdeu. Com a desistência do deputado Leônidas Coelho de Souza, que foi nomeado prefeito do município de Caçador, ela assumiu o mandato e tornou-se deputada constituinte de Santa Catarina, em 1935. No entanto, com a ditadura do Estado Novo seu mandato, assim como o de outros parlamentares, foi cassado.

De 1947 a 1951, após ficar na suplência pela segunda vez, ela foi convocada novamente para exercer o cargo de deputada. Nessa ocasião, Antonieta apresentou o projeto de lei que criou o Dia dos Professores, consagrado como data nacional, quinze anos depois de sua iniciativa.

Embora ela fosse de um partido liberal, na primeira metade do século XX, a história de Antonieta de Barros tem muitos pontos de interfaces com a minha própria: ela era uma mulher negra e professora, como eu; amava a pauta da educação, como eu também amo, e era filha de lavadeira, como eu sou. Ela morreu cedo, com apenas 50 anos, vítima de complicações causadas pelo diabetes. Vale lembrar que a grande feminista negra Lélia Gonzalez, dos anos 1970, professora universitária, também foi vítima dessa doença. E como elas, da mesma forma convivo com o diabetes, e confesso que fico grilada quando leio essas histórias.

Engajada com a luta estudantil, na Universidade Federal da Bahia, as portas foram se abrindo não só para a política, mas também para que eu pudesse conhecer melhor os partidos de esquerda. O Partido dos Trabalhadores e o Partido Comunista do Brasil eram forças políticas com marcante presença no movimento estudantil. Minha amiga Telma Carneiro me recrutou para o PCdoB, em 1989. Lembro que o livro *A Mãe*, de Máximo Gorki, foi uma leitura decisiva para que eu acreditasse na possibilidade de o Socialismo ser uma perspectiva a qual as/os despossuídas/os deveriam defender. Sempre reconheci o poder de transformação da luta conjunta, e orientei minha atuação para estar em um coletivo com projetos similares, como a União de Negros pela Igualdade (UNEGRO), o Centro de Educação e Cultura Popular (CECUP), o Fórum

Nacional de Mulheres Negras e outras organizações que convivi no movimento negro e no movimento feminista.

Imagino que muitas jovens devem se perguntar o que fazer, para conquistar seu espaço na política. Vale enfatizar a combinação: história de vida, ideais, escolhas, foco e empenho, a conjuntura e até o imprevisível, os fatores indeterminados, improváveis, que muitas vezes se manifestam e abrem oportunidades que você não previa.

Os movimentos sociais são a maior escola de quadros que prepara as pessoas para se posicionarem em favor de transformações sociais. E é melhor que deles saiam os políticos que vão compor o parlamento ou os cargos no Executivo, pois a experiência da luta qualifica e faz avançar a democracia liberal. Mas as lutas feminista, antirracista, sindical, LGBTQIAP+ não devem ser usadas como mero trampolim para realizações individualistas. Pois, mesmo que as aspirações sejam legítimas, elas devem estar conectadas com a luta maior por justiça social e o desejo coletivo de representação popular. É como disse o ator Douglas Silva, num reality show da Rede Globo, em fevereiro de 2022: "Quando eu vejo a oportunidade de pretos se ascenderem socialmente, eu falo 'Mano, vamo em grupo, fazer a parada acontecer pra nós'".

Na dinâmica das lutas, os movimentos formam lideranças que, por decisão coletiva, conjugada com escolhas também dos/das próprios/as líderes, acabam sendo projetadas ou apresentadas para a disputa eleitoral, representando uma pauta conjunta. A pessoa que vai se candidatar deve ser a expressão do interesse coletivo, assim como os candidatos conservadores traduzem os anseios de grandes conglomerados econômicos, grileiros de terras, setores religiosos, indústrias armamentistas. Portanto, é preciso que a classe trabalhadora, as mulheres, os negros e indígenas, a população LGBTQIAP+ também tenham suas representações da luta por emancipação e justiça social.

Se você tem uma história de vida atuando a favor dessa causa, precisa buscar a transformação mais ampla e mais profunda do Estado e da sociedade. Se quer ser candidata, é importante se filiar a um partido político que tenha trajetória democrática, programas que defendam na prática as lutas de emancipação das mulheres, de superação do racismo, dos direitos da população LGBTQIAP+ e que, no cabo de guerra da luta de classe, se posicionem em prol da classe trabalhadora.

Muitas vezes me perguntaram por que eu não ia para um partido menor que tivesse mais chance de me eleger do que no PCdoB. A resposta é que sempre pensei que, em vez de ficar mudando de partido para alimentar expectativas eleitorais individuais, deveria manter a minha atuação no PCdoB por me identificar com a perspectiva socialista, objetivo estratégico de transformação social muito maior que apenas conquistar mandatos nesta estrutura capitalista neoliberal, machista, racista e tão excludente. Quero mudanças estruturais radicais, no sentido de ir às raízes dos problemas e refundar a sociedade brasileira em novas bases.

E o cimento da minha militância sempre foi o estudo individual, lendo para entender as coisas além das opiniões superficiais. Aprofundar-me no marxismo, aprender com as autoras e autores feministas e antirracistas, revisitar a história do Brasil e as relações de dominação, ler sobre a África, além de outros assuntos diversos, ampliou muito a minha visão sobre a política, bem como me concedeu uma base sólida para suportar, lidar e enfrentar as contradições que nela se apresentam. Com isso assevero que a leitura de uma literatura emancipadora liberta a nossa mente escravizada por uma indústria cultural comprometida com processos de subjugação.

As mulheres negras, quando adentram as mansões para exercer a função de domésticas, são aquelas que vivenciam uma dupla realidade: a de atuar como trabalhadoras para a classe média ou afortunada, e a de viver nas favelas, em espaços adensados, precários e hostis à dignidade humana. Elas compartilham da intimidade do lar de seus patrões e patroas (termo romantizado pelas cantoras sertanejas), construindo, a partir do que observam e experienciam, seus próprios pontos de vista. A essa situação de alguém que está numa estrutura, mas ao mesmo tempo não está, porque não está incorporada a ela plenamente, Patricia Hill Collins chamou de *outsider* interno[8].

De maneira parecida, mas não igual porque, no caso das trabalhadoras domésticas há uma assimetria na relação entre patrão e empregada, as parlamentares negras eleitas para as Câmaras Municipais, Assembleias Estaduais e para o Congresso Nacional, também evidenciam uma posição de outsider interno.

Embora ocupem, legalmente, o mesmo cargo que o seu colega homem e branco, ela é empurrada a atuar à margem daqueles centros de poder. Os homens dominam as grandes pautas de interesse geral da sociedade, ocupam presidências de comissões de Orçamento e Finanças, Constituição e Justiça, Desenvolvimento Econômico, enquanto nós mulheres somos posicionadas nas

---

[8] O termo cunhado por Patricia Hill Collins refere-se a mulheres negras que estão em uma determinada configuração, sem, contudo, ser parte dela plenamente. Ex.: trabalhadoras domésticas que moram em comunidades negras e trabalham em casas de pessoas brancas, transitando entre dois mundos, mas que, pela posição que ocupam, nunca pertencerão ao mundo dos seus patrões; estudantes negras que se veem sós em salas de aula de cursos de medicina ou de outros cursos majoritariamente brancos, que via de regra são exceções nesses espaços acadêmicos. Você está, sem estar de forma plena.

comissões e pautas que tratam dos Direitos das Mulheres, dos Negros e Negras, da população LGBTQIAP+, ou, no máximo, nas Comissões de Direito à Saúde e a Educação.

Discorrendo sobre a política de empoderamento das mulheres negras nos EUA, Patricia Hill Collins nos apresenta uma contribuição que vale também para as mulheres negras do Brasil. Ela afirma que:

> Dependendo do contexto, lançar mão das percepções que adquirimos na posição de outsiders internas pode servir como estímulo criativo tanto para as afro-americanas quanto para as organizações das quais passamos a fazer parte. Por outro lado, a mercadorização da condição de outsider interna – na qual o valor da mulher afro-americana para uma organização reside exclusivamente em nossa capacidade de comercializar uma condição marginal, aparentemente permanente – pode suprimir o empoderamento das mulheres negras. Ser permanentemente uma outsider interna nunca levará ninguém ao poder, porque essa categoria, por definição, pressupõe marginalidade. Cada indivíduo deve encontrar o próprio caminho, reconhecendo que sua biografia, embora única, não é tão única quanto se pensa. Quando se trata de conhecimento, implica rejeitar as dimensões do conhecimento que perpetuam a objetificação, a mercadorização e a exploração. As mulheres afro-americanas e outros grupos como o nosso nos empoderamos quando entendemos e usamos essas dimensões dos modos de conhecimento individuais, grupais, e provenientes da educação formal que promovam a nossa humanidade.[9]

Considerando que a política institucional é modelada tendo os homens brancos como a parte da humanidade em que o poder se concentra, as mulheres negras, que não são consideradas no plano de poder global e, nos países da diáspora, nem mesmo no poder local, nas raras vezes em que acessam essas esferas de decisão sobre a sociedade, atuam como verdadeiras *outsiders* internas, como ana-

---

[9] COLLINS, Patricia. **Pensamento Feminista Negro**. São Paulo: Ed. Boitempo, 2019. p. 454-455.

lisou Collins. E temos que lutar para não permanecermos estáticas nessa posição de únicas ou de poucas que representam toda uma maioria que está fora desses centros de poder.

DE SERVENTE DE ESCOLINHA A SECRETÁRIA MUNICIPAL DE EDUCAÇÃO

Meu primeiro emprego com carteira assinada foi de servente na Escolinha Catavento, no bairro do Itaigara. Foi uma experiência marcada por humilhações racistas, promovidas principalmente por uma diretora, senhora Miriana, que demonstrava prazer em me colocar num lugar de subalternidade, mostrando a superioridade dela em relação a mim, com o nítido propósito de me submeter e domesticar. Quando me via dialogando com alguma professora, ela fazia questão de lembrar onde julgava ser o meu lugar. Mandava-me ir para a cozinha, interrompia conversas perguntando se eu já tinha lavado o sanitário, mesmo quando havia cumprido minhas tarefas. Era um espetáculo de assédio moral racista.

Lembro-me de um dos primeiros shoppings de Salvador, que era muito frequentado nos anos 1980. Na garagem desse shopping, havia um curso de manequim com uma modelo negra chamada Lena Gomes. Eu frequentava aquele curso duas vezes por semana durante a noite, quando saía do trabalho. Ali eu aprendia a andar de cabeça erguida e coluna ereta. Era o lugar de reconstituição da minha autoestima, de me restabelecer das humilhações cotidianas que tinha de enfrentar.

Pois bem, a diretora da escola, que vivia implicando comigo, frequentemente me mandava ir ao shopping fazer serviços pessoais para ela e exigia que eu fosse de farda, mesmo quando eu pedia para me deixar trocar de roupa. Eu detestava aquilo. Para mim, o uniforme era o símbolo que anunciava a minha posição social de serviçal naquele bairro de classe média. Para a patroa, era, certamente, a chance de demonstrar o seu poder de humilhar uma trabalhadora. Duas mulheres vivenciando a assimetria de raça e classe, que nos colocava em barcos bem diferentes.

Hoje, eu costumo dizer que de escola eu conheço de tudo um pouco. Fui servente, merendeira, professora, coordenadora pedagógica e secretária de Educação e Cultura da capital baiana.

Realizei o grande sonho de entrar na universidade em 1987. Eu tinha 21 anos, acabara de concluir o ensino médio. Guardo nitidamente a lembrança daquela tarde em que eu havia concluído a faxina na cantina da Escolinha Universo do Guri, de educação infantil, situada na Pituba, bairro de classe média de Salvador. Resolvi telefonar para a minha amiga Geoisa Amorim, movida pela certeza de que ela – que já era engenheira química, mas resolveu mudar de área e ser professora – havia passado no vestibular para Pedagogia.

Embora eu também tivesse feito o vestibular para o mesmo curso, não acreditava que eu conseguiria a pontuação necessária. Prestei o vestibular para saber como seria vivenciar essa experiência e me preparar melhor para tentativas futuras. Geoisa era minha grande amiga, uma amizade que constituí quando participava do movimento de jovens espíritas. Ela me incentivava bastante e foi quem me inscreveu no vestibular, atendendo solidariamente ao meu pedido.

No meu plano eu tentaria por vários anos até passar na Universidade Federal da Bahia (UFBA). Ganhava apenas um salário-mínimo, mas alimentava a ideia de juntar algum dinheiro para fazer um cursinho. Qual não foi a minha surpresa quando cumprimentei Geoisa, e ela me respondeu, dizendo: "Amiga, parabéns! Vamos fazer faculdade juntas!". Aquele dia foi um marco na minha vida, e quando tudo começou a mudar. Minha alegria era indescritível. Corri numa banca do Jornal A Tarde, e lá estava o meu nome estampado na lista das aprovadas e aprovados no vestibular de 1987. Foi uma sensação incrível!

Mas apesar da repercussão positiva, - todos queriam cumprimentar a servente aprovada na UFBA- , eu não ganhei presente nem apoio no meu local de trabalho. Tampouco na família. Tive de escolher entre continuar no emprego de 40 horas semanais ou estudar. Escolha perversa, pois era com aquele salário que eu sustentava a mim e a minha mãe. Minha irmã já era casada, tinha filhos e havia largado os estudos, como continua acontecendo com muitas meninas pobres, de maioria negra. Felizmente tive forças para decidir a favor da opção mais inteligente: a universidade e a transformação do meu presente e futuro.

Minha mãe ficou revoltada comigo, pois, para ela, trocar o emprego pela faculdade era um luxo que eu não deveria me permitir. A sobrevivência imediata nos apresentava suas contas, e nós poderíamos ficar sem ter onde morar. Contudo, com a minha indenização trabalhista paguei dois meses de aluguel e fui à luta! Um mês depois, achei um emprego numa escolinha próximo de onde residíamos, no Engenho Velho de Federação, que me pagava a metade de um salário-mínimo, o suficiente para cobrir o aluguel do barraco, num dos inúmeros becos daquela localidade. Curiosamente, a escolinha se chamava Joaquim Scholz, uma homenagem a um alemão que morou no bairro e foi esposo da proprietária.

Depois de diversas tentativas de conseguir um emprego mais bem remunerado, percebi que sendo uma mulher negra, que carregava uma carteira de trabalho com carimbo de servente, tornava ainda mais difícil a minha busca por uma função mais qualificada e que pagasse melhor, sobretudo o de professora. Tirei, então, uma nova carteira de trabalho. Um ano e meio de luta e, finalmente, fui contratada pelo Centro de Arte e Educação Alternativa (CAEA), uma escola para crianças com deficiência.

Eu compareci à escola muito apreensiva. Eram muitas professoras brancas, e eu tinha receio de não ser aceita. Mas as diretoras Ivone e Julieta foram muito acolhedoras, e após a entrevista, elas confirmaram a contratação. Assim, voltei a trabalhar naquele bairro de classe média alta da cidade, não mais na função de servente, e sim de educadora. Agarrei aquela oportunidade com muito afinco e dedicação. Era a realização de um sonho. Além de atuar como docente, eu iria ganhar dois salários-mínimos (nunca tinha visto tanto dinheiro na vida). E o mais importante, assumiria uma sala de aula onde eu poderia colocar em prática o que aprendi com Paulo Freire, Emília Ferrero e com as minhas professoras e professores da Faculdade de Educação (FACED) da UFBA.

O convívio e a experiência desafiadora de trabalhar com crianças com Síndrome de Down, autismo, paralisia cerebral durante os anos que passei no CAEA me prepararam para ter uma visão anticapacitista, percebendo quanta inteligência havia naquelas crianças que a escola regular não queria receber. Sempre debatíamos, no trabalho de formação semanal de orientação pedagógica construtivista, que o nosso papel seria de remover os obstáculos à aprendizagem daquelas pessoas adolescentes. Eram 11 alunas e alunos por turma, mas a minha foi aumentando e chegou a 16. Os resultados na aprendizagem, na mudança de comportamento, no desenvolvimento da autoconfiança daquelas meninas e meninos eram visíveis.

Um fato interessante é que a direção do CAEA me confiou a tarefa de apresentar o nosso trabalho pedagógico numa oficina do V Congresso Brasileiro de Psicomotricidade. Quando cheguei no Othon Palace, local onde o evento seria realizado, tive um surpreendente encontro com a diretora da escola que havia me demitido quando passei no vestibular. Eu, a ex-servente, estava ali investida do cargo de professora inscrita para coordenar uma oficina; e ela, como participante do evento. São as voltas que o mundo dá.

Em paralelo aos estudos na universidade e o trabalho no CAEA, eu atuava também na formação pedagógica das chamadas professoras leigas pois estas não tinham formação em magistério ou licenciatura para Eu acompanhava cinco escolas comunitárias no Centro de Educação e Cultura Popular (CECUP) e cinco escolas de educação infantil, revezando semanalmente as visitas pedagógicas a cada uma delas. Meu trabalho era ouvir professoras e diretoras sobre suas práticas pedagógicas em sala de aula e sobre a gestão escolar.

Por meio de conversação e dinâmica de grupo, levantava as dificuldades, os avanços e propunha alternativas de ações e atividades que pudessem melhorar o desempenho das e dos estudantes. Esse foi um trabalho que me ofereceu o retrato do descaso do Estado brasileiro frente à educação infantil e creches. Diante da ausência de uma rede capaz de absorver com qualidade milhares de crianças, mães construíam escolas na própria comunidade para atender, pelo menos, parte das meninas e meninos excluídos por falta de escolas voltadas à educação infantil e creches. As escolas populares de Alagados, Tia Fia, Parque Florestal de Camaçari, Chico Mendes e Luiza Mahin, entre outras, são experiências de construtivismo popular, feito por mulheres sem instrução acadêmica mas cheias de sabedoria, em meio à escassez ou completa ausência de apoio estatal.

Muitas outras oportunidades foram surgindo na minha vida, na área educacional. Fui contratada pelo Liceu de Artes e Ofícios, uma experiência muito interessante de educação pelo trabalho, para atuar como técnica pedagógica na oficina de Móveis e Madeira. Quase todos os nossos alunos e alunas eram negros. Consegui fazer um trabalho que acabou se destacando. Assim, fui indicada pelo grupo de técnicas e pela coordenadora que estava se preparando para deixar o cargo nos próximos meses para ser a sucessora dela. A administração aceitou, e eu trabalhei no projeto pedagógico que seria desenvolvido naquele ano. Como estava grávida, saí de licença-maternidade, mas me mantive dialogando com a instituição mesmo a distância.

No entanto, quando retornei ao trabalho, cheia de entusiasmo para ocupar o posto, fui informada que outra profissional havia assumido o cargo. Senti-me sem chão. Deparei-me com uma mulher loura, dentro do padrão hegemônico, que estava exercendo a função. Nas conversas de bastidores, circulava que a cúpula do Liceu considerara que ela estaria mais dentro do "perfil" da instituição. Ainda me foi oferecida a posição de auxiliar dela, contudo, embora precisasse muito do emprego, eu pedi demissão e fui embora. Não seria capaz de seguir na organização ignorando o racismo, ainda que envolto em sutilezas.

Infelizmente, só consegui outro emprego um ano depois. Eu tinha muita vontade de trabalhar numa escola alternativa de arte e educação, a Casa Via Magia, dirigida pela diretora de teatro Rô Reyes e pelo ator, diretor e dramaturgo Ruy Cesar, duas pessoas que associavam suas experiências artística e cultural à educação infantil. Eu bati na porta com o meu currículo. Fui entrevistada por Ruy, que me propôs um estágio, pois eles não estavam precisando de docente naquele momento. Aceitei. Seis meses depois, a direção da escola me ofereceu uma vaga de professora, numa turma de terceira série, e me entreguei por inteiro.

Gostava muito de trabalhar ali. Minha relação com as crianças era de muita troca. Elas aprendiam comigo, e eu aprendia com elas, também. Eu sentia que nasci para ser professora. Dois anos depois, fui promovida a coordenadora pedagógica da escola. Foi um reboliço. As meninas e meninos que estavam concluindo a segunda série tinham expectativa de serem minhas/meus alunas/os e até fizeram um abaixo-assinado, reivindicando que eu continuasse em sala de aula. Um movimento surpreendente e comovente. Ainda assim, a promoção foi mantida, e eu me tornei uma das coordenadoras pedagógicas da Casa Via Magia.

Posso dizer que vivi na pele conquistas profissionais decorrentes da minha formação na UFBA. O racismo não se ausentou, mas eu tinha um diploma de uma instituição de ensino superior que me deixava mais preparada para buscar oportunidades melhores no mundo do trabalho. Sem dúvida, a universidade federal foi a primeira e maior porta que se abriu na minha vida. Por duas vezes, fui presidenta do Diretório Acadêmico de Pedagogia, diretora de Educação e Cultura do Diretório Central dos Estudantes (DCE) representante estudantil no Conselho Universitário, entre outras experiências estudantis. Toda ascensão política que veio depois tem a ver com o fato de eu ter feito uma faculdade, militado no movimento estudantil, me evolvido com os diversos movimentos populares e aprendido a fazer política fazendo, vivendo, despertando minha consciência através da luta coletiva.

Mesmo trabalhando, eu nunca deixei de me engajar nas lutas sociais. Sentia-me absolutamente comprometida com as causas que abracei. Depois que me formei em Pedagogia, aprofundei a minha militância nos movimentos negro e feminista, embora nunca tenha perdido os laços de militância em prol da educação pública e com os diversos movimentos sindicais de esquerda.

Na minha primeira campanha, concorri ao cargo de vereadora, no ano de 2000. Antes disso, em 1996, houve uma tentativa de grupos do movimento negro de me candidatar a vice-prefeita numa chapa da coligação de partidos de esquerda, liderada pelo PT, mas não conseguimos. A ideia de disputar o posto de vereadora surgiu na UNEGRO, naquele mesmo ano, num debate interno na entidade que acendeu a chama de termos uma candidatura.

Outros nomes estavam na mesa, e uma discussão acalorada se estabeleceu. No entanto, entre os nomes dos companheiros Nivaldino Felix, Leo Ornelas e o meu, a maioria optou por mim, por achar que a minha candidatura teria mais inserção social, já que eu militava no movimento negro e no movimento de educação popular, e atenderia não só ao critério de raça, mas também de gênero.

Levamos, então, a proposta para o nosso partido, o PCdoB. Na Bahia, o partido tinha experiências interessantes de eleição de mulheres. Elegeu Lídice da Mata vereadora e depois deputada federal; Jane Vasconcelos vereadora; Maria José Rocha deputada estadual, e Alice Portugal deputada estadual. Com esse histórico, achávamos que seria fácil eu entrar na lista de candidaturas.

Entretanto, recebemos uma ducha de água fria. A resposta da direção foi negativa. Eles argumentaram que já havia dois vereadores e, pelas contas, não teriam condições de eleger uma terceira. A minha candidatura era vista como algo que poderia causar uma desarrumação na estratégia eleitoral de concentração de votos para viabilizar a eleição dos dois vereadores que já tinham mandato, Javier Alfaya e Daniel Almeida. Naquele tempo, o partido trabalhava com a tática de eleger os candidatos prioritários. Porém, nós protestamos e insistimos em manter o meu nome. Fomos até a convenção, mas perdemos feio. Sequer fomos consideradas/dos. Contudo, desistir, para nós, nunca foi uma opção.

Nosso projeto foi, então, adiado para a eleição seguinte. No ano 2000, finalmente tive o registro da candidatura reconhecido, porém a tática de concentração de votos do PCdoB continuava prevalecendo. A gente tinha que se virar por fora, buscar votos novos, pois os da área de influência do partido permaneceriam direcionados aos dois vereadores. Mesmo assim, metemos as caras e fizemos uma das mais belas campanhas, sob o slogan "No peito e na Raça". E era literalmente assim. Sentimos fortemente a dureza da falta de dinheiro, de não sermos prioridade, a irrelevância da pauta de gênero e raça para o nosso partido e para todos os outros, naquele momento.

Vale aqui destacar o papel da militância e seu empenho para o êxito do nosso projeto. Não tínhamos relações empresariais para o financiamento da campanha, e coletávamos todo tipo de ajuda que a militância podia oferecer. Em meio a tantas pessoas colaboradoras, destaco a contribuição de mulheres negras empreendedoras que sempre compreenderam e agiram de maneira a fortalecer os laços de solidariedade entre nós. Mesmo não tendo uma consciência feminista, faziam valer a crença na necessidade de termos uma representante negra na Câmara, com real compromisso com a causa antirracista. Alaíde do Feijão, as baianas Dinha do Acarajé e Cira, de Itapuã, Celina, proprietária de um restaurante no Pelourinho, colaboraram muito nos meus primeiros passos de campanha com doações de seus produtos da gastronomia baiana (acarajé, abará, cocada, caldo de sururu, caldo de feijão, entre outros), a fim de viabilizar materialmente o nosso projeto eleitoral. Algo que me enche de emoção ao reviver através desta escrita.

No dia da eleição, nossos panfletos terminaram antes do turno da tarde. Começamos a escrever o meu número no papel e entregar às pessoas nos postos eleitorais. Mas obviamente não era possível fazer chegar em massa, em larga escala nas mãos das eleitoras e eleitores, assediados por exércitos de cabos eleitorais contratados por candidaturas ricas e muito bem estruturadas, que desperdiçavam panfletos, enquanto literalmente chorávamos a falta deles. O sentimento era de que tínhamos representatividade, que as pessoas reconheciam o meu trabalho, mas não dispúnhamos das condições para transformar aquilo em voto. Vale lembrar que, na época, não havia redes sociais com tanta proatividade, positiva e negativa, na política como temos hoje. O Facebook só chegou ao Brasil em 2007. Entretanto, apesar de todos os entraves, eu tive 5.157 votos, passando a ocupar a terceira suplência de vereadora. Dois anos depois, fui chamada para exercer o mandato, tomando posse no dia 3 de fevereiro de 2003, ao lado de outros cinco suplentes, entre eles o Gilmar Santiago, primeiro vereador negro do PT, e o sindicalista que se tornou governador da Bahia, eleito pelo PT, Rui Costa.

A cidade reconheceu meu trabalho e, finalmente, na eleição seguinte, obtive 9.660 votos, sendo a vereadora mais votada dos partidos de esquerda, naquele pleito. Continuei com bons resultados na reeleição de vereadora, e o PCdoB então me indicou para assumir a Secretaria de Educação de Salvador. Entretanto, setores religiosos conservadores que apoiavam o prefeito contestaram a nomeação. O PCdoB, porém, teve uma atitude firme em minha defesa, não recuou e manteve a indicação do meu nome. Assim, fui a primeira mulher negra a ocupar esse posto de tamanha importância na educação da capital.

No dia 3 de janeiro de 2005, tomei posse do cargo de secretária municipal de Educação e Cultura. Durante a cerimônia, mainha, emocionada, me pediu desculpas por não ter me apoiado quando, no passado, eu escolhi fazer a faculdade, em vez de continuar no emprego de servente. Eu lhe disse que compreendia perfeitamente a situação imposta pela desesperada luta pela sobrevivência. Ela era uma mãe solo que já tinha dado tudo que podia às filhas. Queria me ver trabalhando para pagar as contas e afastar o risco de sermos despejadas.

Meu pai, no entanto, não viu essas transformações políticas na minha vida. Ele morreu em 1995, vítima da doença de Chagas, uma enfermidade que mata principalmente pessoas pobres, já que é transmitida pelo barbeiro, que hospeda o protozoário *Trypanosoma cruzi*. Esse inseto é muito comum em casas de taipa e outras moradias precárias, com baixa cobertura de saneamento básico. A

FIOCRUZ estima que seis milhões[10] de pessoas morrem por ano, no mundo, por causa da doença de Chagas. E não há o fomento necessário para pesquisas científicas e desenvolvimento de medicamentos ou vacina que possam preveni-la ou curá-la, evitando essa mortandade. Observa-se com isso que a preservação da vida dos pobres não atrai investimentos vultosos.

No estágio grave da doença, meu pai teve uma crise cardíaca e morreu num hospital público. Eu só soube depois do seu sepultamento. Levei anos tentando elaborar isso. E, mesmo depois de tratar na terapia, ainda dói muito tê-lo perdido, sem ter sequer o direito ao rito de passagem, sem ter participado da despedida, do seu enterro.

Tomei posse do cargo de secretária de Educação e, no primeiro dia de trabalho, soube que a piada entre os servidores mais ligados à gestão anterior era: "Vamos ter que andar de lanterna, porque agora tá tudo preto na secretaria". O racismo estava ali marcando meus passos. Então, eu tinha de fazer uma escolha: sair brigando ou imprimir um trabalho de relevância para a cidade. E optei pela segunda alternativa, a despeito dos racistas, dos conservadores e de setores da mídia hegemônica que não me davam trégua.

Diante do caos naturalizado que era a matrícula na rede municipal de ensino, que se repetia ano após ano, um grande jornal me fez duras críticas, mesmo sabendo que eu tinha apenas um mês no exercício do cargo, e sem considerar a herança perversa que me deixaram da gestão anterior. Todos os funcionários terceirizados tinham sido demitidos pela ex-gestora, e as diretoras estavam sozinhas no processo de matrícula. Embora eu tenha corrido para

---

[10] FERREIRA, Vinicius (IOC/Fiocruz). Atenção à doença de Chagas. *FIOCRUZ*. Disponível em: <https://portal.fiocruz.br/noticia/atencao-doenca-de-chagas>. Acesso em: 20 mai. 2022.

contratar pessoal a fim de repor as vagas naquele grande contingente de escolas esvaziadas, o tempo escasso para cumprir a burocracia impediu que realizássemos mudanças mais profundas no sistema de matrícula, naquele momento. Dessa forma, não conseguimos evitar as tais filas quilométricas, que se repetiam nas unidades de ensino. Eu sofri muito com a situação, mas assumi o compromisso de virada.

No ano seguinte, porém, pudemos mudar esse cenário. Implantamos o Sistema de Matrícula Informatizada, articulando a rede e cruzando as informações sobre as/os estudantes nas 360 escolas municipais, numa iniciativa inédita na capital baiana. Assim, tornou-se possível matricular alunas e alunos em qualquer unidade, e com isso acabamos com o espetáculo de humilhações para as famílias, principalmente mães pobres, de maioria negra, que ano após ano chegavam a dormir nas portas das escolas, em busca de uma vaga.

Desse modo, solucionamos, definitivamente, o problema com as filas e o mau atendimento na rede. E mais, em parceria com o Ministério Público, através do Núcleo de Promoção da Paternidade Responsável (NUPAR), coordenado pela promotora Hortênsia Gomes Pinho, implementamos, no ato da matrícula dos alunos, a campanha pela Paternidade Responsável.

Assim, as famílias dos estudantes que não tinham a paternidade reconhecida no registro eram acionadas para resolver a questão. O pai era identificado e convencido a admitir a paternidade da sua filha/filho, de maneira amigável. Fazia-se um exame de DNA e, sendo o resultado positivo, o pai dava o nome que preencheria o buraco na certidão de nascimento, de meninas e meninos, que antes tinham seus direitos negados pela omissão machista do genitor.

Sobre esse tema, vale aqui resgatar a contribuição da pesquisadora Ana Liési Thurler:

> Apesar de progressos jurídicos recentes – como a aprovação da Lei da União Estável (Lei 9.278, de 10 de maio de 1996) –, a filiação permanece questão inamovível do heteropatriarcado. Mesmo no nascimento em união estável, a qualificação jurídica da criança ao nascer depende da vontade intocável do pai. A magnitude do não-reconhecimento paterno das crianças brasileiras resulta de práticas arbitrárias, em um contexto cultural sexista e misógino, com a predominância de um Direito androcêntrico.[11]

Ou seja, as inúmeras certidões de nascimento, principalmente de crianças negras e de brancas pobres, em que constam os nomes das mães, mas não os dos pais revelam o impacto do patriarcado na não configuração da identidade e cidadania formal dessas crianças e adolescentes. Mais do que um papel, são histórias marcadas pela poligamia irresponsável, socialmente aceita para os homens. Nessas circunstâncias, as mães eram, e muitas ainda são, impelidas a arcar com a dupla carga de responsabilidade: assumir oficialmente os filhos procriados com o parceiro e criá-los sozinhas.

A paternidade responsável é algo muito sério, sobretudo quando se trata de crianças e adolescentes negros que já lidam com o racismo e outras formas de violência conjugadas. Lembro que na minha infância eu carregava o título de "filha bastarda", pois meu pai era casado com outra mulher, e não com a minha mãe. E uma colega me explicou o significado da palavra: "Você não é filha legítima do seu pai. Os legítimos são os do casamento. Fora do

---

[11] THURLER, Ana Liési. "Outros horizontes para a paternidade brasileira no século XXI?" *Sociedade e Estado*, Brasília, v. 21, n. 3, p. 681-707, set/dez, 2006. Disponível em: <https://www.scielo.br/j/se/a/FsVXTQNTVZzNjtrVvnfCRnJ/?format=pdf&lang=pt>. Acesso em: 12 nov. 2021.

casamento, são bastardos". Eu era mal resolvida com essa questão e ficava com vergonha do peso disso. Mas numa pátria mãe pouco gentil com suas filhas e filhos negros, quem destes ou destas não sofre de certa síndrome de bastardia?

A família do meu pai nunca me aceitou, por conta da relação extraconjugal dele com minha mãe que, quando começaram a se envolver, nem sabia que ele era casado. Numa sociedade machista, tais relacionamentos são creditados exclusivamente na conta das mulheres. Para muitos, são elas as violadoras dos códigos de honra e respeitabilidade, já que aos homens são toleráveis o flerte e os múltiplos relacionamentos como prática cultural. Mas minha tia Luci, com quem tenho contato até hoje, abriu as portas para a nossa convivência sem preconceito. Papai se dava muito bem com ela e era uma das suas irmãs mais queridas. Quando ele me levava para passear, o destino era comer um acarajé na Barroquinha e ir para casa de tia Luci. Meu pai demorou alguns anos para me registrar. Lembro-me de mainha cobrando a ele a certidão de nascimento para fazer minha matrícula na escola. Quando ele trouxe o registro, a data de nascimento estava com um ano a menos. Ele disse que ia corrigir, mas ficou assim para sempre.

Voltando à experiência da minha gestão à frente da Secretaria de Educação e Cultura de Salvador (SMEC), além de investir em qualificação profissional, valorizar a rede de escolas comunitárias, construir várias escolas, nós conseguimos implantar a Lei 10.639/2003, que trata do ensino da História e da Cultura Afro-brasileira e Africana. Produzimos uma pasta de textos de autoras e autores negros, para as professoras e professores utilizarem como fonte de pesquisa no preparo de suas aulas. Promovemos ainda concursos literários sobre a temática afro, entre outras iniciativas. E estabelecemos o Fundo de Inclusão Educacional de Mulheres Negras (FIEMA), com o objetivo de captar recursos para financiar projetos educacionais voltados a combater o analfabetismo de mulheres negras. Uma experiência enriquecedora e celebrada por muitas professoras, professores e a comunidade escolar.

Na educação inclusiva o investimento em treinamento em linguagem de libras e a compra de máquinas em braile para o aprendizado de alunas e alunos com deficiência auditiva e visual foram também trabalhos marcantes. Não queríamos deixar ninguém para trás.

Após um ano e dois meses, contudo, solicitei ao partido o meu afastamento do governo de João Henrique, por profundas divergências políticas que se tornaram irreconciliáveis. Retornei à Câmara, assumindo de volta o mandato de vereadora. Em seguida, fui candidata a deputada federal, obtendo 45.201 votos, majoritariamente adquiridos em Salvador. Naquela ocasião, eu não tinha uma militância no interior da Bahia, nem estrutura partidária ou rede de apoiadores de outros movimentos sociais. Novamente, eu não fazia parte das prioridades eleitorais do partido, embora a projeção que ganhei pela passagem na SMEC tenha sido resultado do meu trabalho, mas também de uma aposta que o PCdoB fez ao me confiar o cargo.

O movimento sindical, importante celeiro de quadros da esquerda no cabo de guerra entre o capital e o trabalho, estava envolvido em candidaturas de lideranças oriundas das lutas trabalhistas. A minha campanha foi feita pelo movimento negro, por setores das universidades e pessoas da área de educação básica que me acompanharam.

Importante destacar que, dos seis suplentes de vereadores da esquerda que tomaram posse em 2003, eu era a única mulher. Destes, apenas Rui Costa e eu continuamos nos anos seguintes a ter ascensão na ocupação de cargos públicos, embora ele com oportunidades muito maiores que as minhas.

A eleição de Rui Costa para governador da Bahia foi a prova de que não só o talento das pessoas, mas oportunidade e investimento partidário e de outras organizações e redes de apoiadores determinam quem será alçado ao poder, na maioria das vezes. Rui tornou-se o quadro ungido para governar, desde o primeiro mandato de Jaques Wagner, seu grande amigo e parceiro nas lutas trabalhistas.

Quando você tem um talento, precisa de oportunidades para revelá-lo. Foi assim que Rui assumiu o comando de secretarias estratégicas, a exemplo da Casa Civil e Relações Institucionais, tornando-se o sucessor do então governador Wagner, que nele investira. Diferente do que aconteceu em 2006, quando Rui foi candidato a deputado federal, obtendo apenas 38.020 mil votos – enquanto naquela mesma eleição eu havia conseguido pouco mais de 45 mil, também para deputada federal –, na eleição seguinte, em 2010, ele foi eleito deputado federal com mais de 203 mil votos. E mais tarde, em 2014, foi consagrado nas urnas governador do estado da Bahia com 3.558.975 votos. Por fim, reelegeu-se em 2018 com 5.096.62 votos, a maior votação da história.

Enquanto isso, sem tratamento de prioridade nas listas de candidaturas do PCdoB, eu lutava, mas ficava sempre na suplência de deputada estadual. Faltavam recursos financeiros, bases eleitorais mais amplas para que eu pudesse dar a virada de vereadora para deputada.

O ano de 2012 foi um marco na presença de mulheres negras na disputa eleitoral do Executivo municipal de Salvador. Pela primeira vez na história, as chapas encabeçadas por homens brancos se diferenciavam das eleições anteriores porque foram compostas por mulheres negras como candidatas a vice-prefeitas. Eu fui a vice de Nelson Pelegrino (PT), e a contadora e professora Célia Sacramento (PV), a vice de ACM Neto (DEM)[12]. O movimento negro se dividiu em opiniões que identificavam ali uma oportunidade importante de quebrar a hegemonia branca, mas também uma tentativa de candidaturas brancas e masculinas acenarem para o simbolismo de raça e gênero, sem se comprometerem com chapas efetivamente lideradas por mulheres negras, expressão da maioria da população da cidade.

Quando o PCdoB me convidou para ser candidata a vice-prefeita de Salvador, fiquei apreensiva. Foi uma decisão difícil que tive que tomar, pois sabia que havia uma grande probabilidade de eu me reeleger vereadora e poucas chances de Pelegrino sair vitorioso das urnas. Mas fazer parte de um partido político, sobretudo de esquerda, é mais que estar numa legenda meramente associativa, em que cada pessoa age de acordo com seus interesses particulares. É grupo, é coletivo, é projeto que implica em ganhos e perdas. Eu aceitei o convite, mesmo sabendo que havia um grande risco de não vencermos a eleição, pois estávamos em um contexto conturbado

---

[12] SEIXAS, Kleyzer. Vice negra é passo para valorizar lideranças femininas. Portal Geledés. Disponível em: https://www.geledes.org.br/vice-negra-e-passo-para-valorizar-lideranca-feminina/. Acesso em: 24 de jun. de 2022.

no governo do estado, com greves de policiais e de professores acontecendo, duas categorias estratégicas, o que gerava crise e instabilidade no nosso campo político e abalou a popularidade do governador Jaques Wagner, nosso principal apoiador na Bahia.

O candidato adversário, ACM Neto, que liderava as pesquisas, embora adotasse um discurso de candidatura jovem, no aspecto geracional, na verdade representava a herança repaginada da velha oligarquia comandada por seu avô, o ex-senador Antônio Carlos Magalhaes, que renunciou ao cargo após ter protagonizado o escândalo da violação do painel eletrônico do Senado.[13] Esse senhor dominou a Bahia por décadas, com forte poder econômico, midiático e político.

Já Nelson Pelegrino, advogado que se destacou nas áreas dos direitos trabalhistas e de defesa dos direitos humanos, e deputado federal com vários mandatos, já havia disputado eleições para prefeito de Salvador três vezes, sem, contudo, conseguir lograr êxito.

O confronto entre as duas candidaturas trouxe à tona a problemática do racismo em várias situações. O partido democrata havia entrado com uma ação no Supremo Tribunal Federal (STF) contra a política de cotas para negras e negros adotada na Universidade Federal de Brasília (UNB), alegando suposta inconstitucionalidade e exigindo suspensão de matrículas baseadas no critério étnico-racial. Esse mesmo partido também havia ingressado com uma outra ação, questionando os critérios do decreto de titulação das terras quilombolas no Brasil.

O julgamento dessas ações coincidiu com o ano eleitoral, e

---

[13] MEMÓRIA Globo. Crise do Painel do Senado. Disponível em: <https://memoriaglobo.globo.com/jornalismo/coberturas/crise-do-painel-do-senado/noticia/crise-do-painel-do-senado.ghtml >. Acesso em: 24 jun. 2022.

a pauta das cotas, principalmente, repercutiu fortemente no debate político, contribuindo com a redução da vantagem que ACM Neto tinha sobre Nelson Pelegrino. O DEM chegou a tirar do ar uma propaganda da nossa chapa que acusava seu candidato de ser contra as cotas. Então, eu própria, que acompanhei o julgamento das cotas no STF, em Brasília, gravei um programa, mostrando que uma cidade negra não deveria apoiar um candidato de um partido que agiu na Suprema Corte na tentativa de derrubar uma conquista das/dos estudantes negras e negros. A pesquisa Ibope publicada em setembro daquele ano revelou que o petista havia crescido para 27% nas intenções de voto, ante 39% de ACM Neto[14]. A pontuação de Pelegrino foi cerca de 50% a mais do que havia sido registrado na pesquisa do mês anterior.

O fato é que Salvador nunca foi governada por um partido de esquerda. Mesmo a vitória de Lídice da Mata, em 1992, só se deu quando ela mudou do PCdoB para um partido liberal, de centro, o PSDB, que estava surgindo naquele momento com uma forte marca da social-democracia que, rapidamente, se revelou um partido de direita, como tantos outros.

ACM Neto ganhou a eleição com 53,51% dos votos válidos. Nelson Pelegrino, que contou com o apoio de Lula e da então presidenta Dilma Rousseff, obteve 46,49%, o que representou o melhor desempenho da história da esquerda nas urnas soteropolitanas.

Logo após a vitória do governador Rui Costa, a direção do PCdoB me indicou para titular da Secretaria de Políticas para as Mulheres do governo da Bahia (SPM), cargo que assumi com

---

[14] SOARES, Luis. Oportunismo eleitoral: ACM Neto tenta fugir de posição do DEM contra cotas. *Pragmatismo Político*. Disponível em: <https://www.pragmatismopolitico.com.br/2012/09/acm-neto-pelegrino-cotas-eleicoes-salvador.html>. Acesso em: 29 de jun. 2022.

alegria e muito entusiasmo, em 2015. Dois anos depois, reconhecendo o meu trabalho, o partido me propôs estar à frente de uma secretaria maior, a Secretaria Estadual do Trabalho, Emprego, Renda e Esporte. Essas foram mais duas experiências de alta relevância na minha trajetória política.

Na SPM, junto com Karla Ramos, minha chefa de gabinete, e uma equipe bastante motivada, apesar do curto orçamento que dispúnhamos, fizemos uma gestão com políticas públicas de relevância para as mulheres baianas. No eixo de enfrentamento à violência de gênero, implantamos a Ronda Maria da Penha, uma parceria da SPM com a Secretaria de Segurança Pública (SSP), da qual eu fui presidenta do Comitê Gestor, integrando a experiência ao conjunto da Rede Estadual de Enfrentamento à Violência contra as Mulheres. A Capitã Paula e depois a Major Denice comandaram a Ronda Maria da Penha, contribuindo enormemente com a efetivação desse importante ato de defesa das mulheres em situação de violência.

A história da Ronda Maria da Penha não deve jamais ser contada como uma realização individual. Essa conquista foi resultado de muitas mãos, e passou pela gestão da secretária Vera Lúcia Barbosa, pela minha e atendeu a uma reivindicação do movimento feminista que, na Bahia e em todo o Brasil, propunha a instauração de guardas voltadas para o enfrentamento à violência contra as mulheres. Nas conferências e reuniões do Conselho Estadual dos Direitos da Mulher, no estado baiano, sempre havia o pleito da criação da Ronda, assim como houve o pleito de implantação das delegacias especializadas em atendimento às mulheres em situação de violência.

Quando eu levei o projeto da Ronda para o secretário de

Segurança Pública Maurício Barbosa, ele enumerou as dificuldades para estabelecê-la, sobretudo a falta de previsão de recursos orçamentários. Mas consegui convencê-lo a empreendermos um projeto piloto. Ao dar a notícia de que lançaríamos a Ronda, no dia 8 de março de 2015, as mulheres do movimento feminista vibraram com a nossa primeira vitória. Com o tempo, a Ronda Maria da Penha foi tão bem avaliada que ganhou prêmios internacionais. E acabou crescendo e se interiorizando, embora ainda sem atender todos os territórios, como precisa e idealizamos.

Na nossa gestão implantamos, ainda, cinco Centros de Referência e Apoio às Mulheres em Situação de Violência, em parceria com municípios que aderiram ao Pacto Estadual pelo Enfrentamento à Violência contra as Mulheres. Introduzimos também a caravana de combate à violência, que promovia diálogos territoriais envolvendo a Rede Estadual de Enfrentamento à Violência, as Câmaras de Vereadores e instituições locais, com o fomento do Instituto Avon, por entender que é nas cidades o lócus onde as mulheres são agredidas. Além disso, lançamos a campanha "Vá na moral pra não se dar mal no carnaval", que contou com a colaboração de diversos artistas e a adesão voluntária de vários blocos e camarotes, com o objetivo de conscientizar os foliões em relação à necessidade de brincar no carnaval sem beijo forçado, sem violência de gênero, com respeito aos direitos das mulheres na festa momesca.

No plano do debate de ideias, na perspectiva de problematizar e contribuir com a desconstrução cultural do machismo, nossa gestão criou o projeto Mulher com a Palavra, levando para o palco do Teatro Castro Alves mulheres inspiradoras. Elza Soares, Zélia Duncan, Preta Gil, Elisa Lucinda e tantas outras compartilharam suas experiências como mulheres, os desafios enfrentados e suas estratégias para vencer os obstáculos impostos pelo sexismo e ou racismo nas suas trajetórias.

Na educação, a partir de uma proposta apresentada pela Rede de Desenvolvimento Humano (Redeh), implantamos, em 2015, em parceria com a Secretaria de Educação e a Comissão dos Direitos da Mulher da Assembleia Legislativa, o projeto "Quem ama abraça – fazendo escola". Este volta-se à capacitação de professoras e professores em conteúdos direcionados para as relações de gênero e o combate à violência contra as meninas, jovens e mulheres adultas, na rede pública estadual de ensino.

Nossa atuação sempre teve como princípio realizar parcerias com os movimentos sociais e organismos nacionais e internacionais de promoção dos direitos das mulheres. Assim, a Bahia tornou-se o primeiro estado da federação a formalizar um convênio subnacional com a ONU Mulheres, na gestão da representante do órgão no Brasil, a mexicana Nadine Gasman.

Sem dúvida, na SPM, me aproximei, ainda mais, da vida e das lutas das mulheres baianas, conhecendo a pluralidade dessas mulheres em nossos territórios de identidade. Investimos na aquisição de equipamentos para empreendimentos solidários de pescadoras e marisqueiras, em comunidades tradicionais e quilombolas, e mulheres rurais através do incentivo ao beneficiamento da mandioca com as casas de farinha móveis. Fiquei super feliz ao visitar a comunidade quilombola de Pinguela, no município de Amélia Rodrigues, em 2021, para entregar um kit de irrigação, fruto de uma emenda parlamentar do nosso mandato, e ver que as mulheres estão lá plantando a mandioca e utilizando a casa de farinha que doamos em 2015, pela SPM, para produzir e vender a farinha, garantindo, assim, o sustento de suas famílias.

Procurei cuidar do que encontramos em termos de políticas públicas da gestão anterior, da secretária Vera Lúcia Barbosa, além de imprimir novos projetos, como aqui citei. Vale destacar as unidades móveis, iniciativa em conjunto com a secretária Lucinha, de enfrentamento à violência contra as mulheres na zona rural. Licitamos os ônibus, treinamos as novas equipes e botamos o pé na estrada para chegarmos mais próximas às mulheres que vivenciam situações de violência nos municípios. Também realizamos um projeto nos presídios, com o inestimável apoio da cantora Ludmillah Anjos, que com uma mínima ajuda de custo, bastante defasada no início, pois não havia possibilidade de corrigir legalmente os valores, aceitou percorrer as unidades prisionais, cantando para as mulheres naqueles espaços, durante as oficinas de direitos humanos que ofertamos.

A Bahia foi o estado que realizou a maior conferência estadual de Políticas para as Mulheres, no ano de 2015, debaixo de uma crise política que avançava no cenário nacional rumo à 4ª Conferência Nacional, cujo lema era "Mais direitos, participação e poder para as mulheres". Este tema, na prática, soou como uma grande ironia, pois a trama para derrubar a presidenta Dilma, violar o chamado Estado democrático de direito e estabelecer o imenso retrocesso na pauta dos direitos e empoderamento das mulheres já estava a pleno vapor. A presidenta, que abriu a Conferência no dia 10 de maio, acabou sendo desbancada do poder antes de o evento chegar ao seu término.

No dia 12 de maio, por 55 votos favoráveis e 22 contrários, Senado autorizou o simulacro de processo de impeachment e formalizou o afastamento da presidenta por 180 dias. Michel Temer, o vice e um dos principais articuladores do golpe tramado pelas elites econômicas, parte do Judiciário, a grande mídia e a maioria do parlamento, saiu das sombras para assumir o palácio presidencial. Ali se iniciou o processo de usurpação do poder, a materialização do golpe de Estado contra a única mulher eleita e reeleita presidenta da República na história do Brasil.

Coube a mim e a Schuma Schumaher escrever uma carta de protesto contra o golpe, que foi lida no final da Conferência e que você, leitora ou leitor, vai conhecer mais adiante. Fomos às ruas de Brasília protestar contra aquele ato de extrema violência política. Foram dias de luta, tristeza e convicção de que não pararíamos de lutar para resgatar a democracia no país. Aqui estamos, junto com Dilma, do lado certo da história.

Em 2017, recebemos a notícia de que a SPM/BA havia ganhado o Prêmio Nacional de Direitos Humanos. Porém, lá não compareci. Não teria condição alguma de confraternizar, em Brasília, com o governo que violou o mandato da presidenta eleita.

UM CORPO FEMININO E NEGRO NA SECRETARIA DO TRABALHO, EMPREGO, RENDA E ESPORTE

Na transição de 2016 para 2017, nova reforma administrativa entrou em curso, oportunidade em que o partido resolveu me indicar para assumir a Secretaria de Trabalho Emprego, Renda e Esporte da Bahia (Setre). A disputa pelo cargo era grande, e muitos ataques machistas foram desferidos por homens que se sentiam mais aptos a sentar naquela cadeira. Mas, considerando as experiências positivas que eu já havia acumulado e a necessidade de agregar e dar coesão à gestão na Setre, para melhor desenvolver os projetos da Secretaria, meu nome acabou prevalecendo, na opinião da maioria da direção partidária.

A oportunidade que me foi dada, no ano de 2017, pelo governador Rui Costa e pelo meu partido, de ser a primeira e a segunda mulher, em 50 anos de existência da Secretaria, foi celebrada não só por mim, mas por todos os movimentos sociais, que lotaram a cerimônia de posse. Meu corpo, minha presença, mais uma vez, quebrando a monotonia patriarcal, ressignificando espaços tradicionais, masculinos e brancos de poder. Uma honra e um grande desafio.

Eu já conhecia a Setre. Havia sido chefa de gabinete do órgão em 2013. Neste ano, pouco depois de eu ter sido empossada, encontramos uma pichação no banheiro que dizia: "A chefe de gabinete tem o 'c...' preto". Nunca descobrimos o autor ou autora da bizarra expressão de racismo recreativo sobre as minhas partes íntimas.

Nessa passagem, porém, não poderia deixar de mencionar uma das experiências que mais me orgulho durante a chefia de gabinete: a ação, desenvolvida pela Superintendência de Economia Solidária (Sesol), de lançar o maior edital de empreendedorismo negro da história da Bahia.

Tudo começou com uma proposta que apresentei quando ainda era vereadora. Considerando que haveria a Copa de 2014, propus a realização de uma feira de empreendedorismo afro, em Salvador, com o objetivo de estimular a geração de renda para as instituições culturais negras. No diálogo com Milton Barbosa, o superintendente da Sesol, a ideia evoluiu para algo muito maior:

um grande Edital de Apoio a Empreendimentos Econômicos Solidários e Redes de Economia Solidária no âmbito dos Espaços Socioculturais de Matriz Africana, que movimentou quase R$ 10 milhões, e apoiou 54 projetos selecionados de empreendedoras e empreendedores negros.

O lançamento foi no dia 21 de março, Dia Internacional da Luta Contra a Discriminação Racial. Um evento forte, carregado de boas energias e belo, muito belo, no salão de atos da centenária Faculdade de Medicina. Aquele prédio da velha "São Salvador da Bahia de Todos os Santos", repleto de histórias racistas, abria-se para as filhas e filhos do povo, mulheres e homens negros, pessoas de diferentes orientações sexuais de sobrenomes comuns.

O interessante é que quando eu voltei para a Setre, em 2017, os projetos dos empreendimentos afro estavam sendo concluídos. Ou seja, estive na origem e na finalização dessa que foi a primeira experiência de investimento de alguns milhões em empreendimentos das comunidades negras. Produzimos o livro *A Vitrine da Economia Solidária de Matriz Africana*[15], registrando aquelas experiências tão relevantes e únicas.

Sem dúvidas, revelou-se um grande desafio ter me tornado secretária do Trabalho quando o governo ultraliberal de Temer implantava a sua agenda de demolição de direitos trabalhistas. Com a cínica promessa de gerar mais emprego, o governo fez a Reforma Trabalhista, desmontando mais de cem artigos da CLT. Substituiu horas extras por banco de horas, o que reduziu drasticamente a renda da classe trabalhadora; instituiu o contrato de trabalho

---

[15] SECRETARIA DO TRABALHO, EMPREGO, RENDA E ESPORTE DA BAHIA. *A Vitrine da Economia Solidária de Matriz Africana*. Salvador: Egba, 2018. Disponível em: <http://www.setre.ba.gov.br/arquivos/File/Livros/Livro_AvitrinedaEconomiaSolidariadematrizafricana.pdf>. Acesso em: 07 out. 2021.

intermitente; enfraqueceu o poder de negociação dos sindicatos; aboliu a contribuição sindical compulsória; enfraqueceu a Justiça do Trabalho, ao instituir a regra de que a parte perdedora da ação trabalhista paga as custas advocatícias da parte vencedora; e implantou a Lei da Terceirização em larga escala.

Além disso, a Reforma da Previdência foi outro golpe que dificultou ainda mais o direito à aposentadoria, com mudanças drásticas nas regras. Desse modo, essas e outras medidas revelam o imenso poder do mercado sobre a política, desequilibrando ainda mais o cabo de guerra entre o capital e o trabalho.

Pode-se dizer que este foi o grande legado da Operação Lava Jato, conduzida por Sérgio Moro. A retórica do combate à corrupção, agenda de amplo apelo popular, sequestrou a atenção do povo, enquanto as "tenebrosas transações" se efetivavam sob aplausos das vítimas deste gravíssimo crime de lesa-pátria.

A regressão da agenda trabalhista virou pauta frequente no Fórum Nacional de Secretários de Trabalho (Fonset). Embora parte dos secretários fosse de governos que apoiaram o golpe contra Dilma, a realidade concreta revelava as perdas na política trabalhista. Havia a preocupação com a redução de verbas para a qualificação de mão de obra e, principalmente, para a sustentação do Serviço Nacional de Intermediação de Mão de Obra (SINE). Lutamos muito pela aprovação da transferência de recursos Fundo a Fundo, que só se concretizou em 2020 com a regulamentação aprovada pelo Conselho Deliberativo do Fundo de Amparo ao Trabalhador (FAT).

Lembro como hoje os olhares de surpresa e estranheza que me invadiram quando cheguei à primeira reunião do Fonset. Eu era a única mulher negra naquela sala na condição de titular da pasta de uma secretaria de Trabalho. Diferente do que aconteceu quando o ex-deputado Álvaro Gomes substituiu o secretário Nilton Vasconcelos e foi por este indicado a assumir também a presidência do Fonset, comigo não houve acolhimento algum. Álvaro participou da reunião do Fórum, em tom de despedida, mas com o poder de liderar o processo de recomposição da diretoria do órgão. Ele apontou sua candidata a presidenta, a secretária Patrícia, do estado de Goiás, governado pelo MDB. E não parou por aí. Após ela ter sido eleita, na tentativa de que eu não ocupasse posição alguma, ele defendeu o nome de outro secretário, que estava ausente daquela reunião, para a vice-presidência da Regional Nordeste.

Sabe aquela história da solidão da mulher negra? Fala-se muito dessa solidão no plano afetivo, mas ela é muito presente na política, território tão hegemonizado por homens brancos, de norte a sul do país. Naquele momento, eu me senti imensamente sozinha, e uma decepção enorme com a atitude de um camarada de partido me atingiu. Contudo, apesar do grande e visível constrangimento, tive coragem de reagir, apresentando e defendendo a minha candidatura. Argumentei que a Bahia tinha uma secretaria reconhecidamente consolidada há décadas, o que a credenciou nos últimos anos a assumir a presidência nacional do Fonset por sucessivas vezes, até 2016. Seria, então, demasiado estranho não ocupar sequer a vice-presidência da Regional Nordeste. Dessa forma, convenci o coletivo e fui eleita pelos membros da mesa, ganhando o respeito dos colegas secretários e superando as lamentáveis mesquinharias e ressentimentos do ex-secretário que eu substituí na SETRE.

Em um ano lançamos, na Bahia, o Programa Esporte e Lazer da Cidade (Pelc), com recursos do Governo Federal; criamos o processo de publicização da gestão do Artesanato Baiano com edital no valor de R$ 5 milhões para o setor; introduzimos o Contrate.BA, programa digital de intermediação do trabalho autônomo; lançamos o primeiro edital de apoio a projetos de capoeira; realizamos o I Fórum Baiano da Diversidade no Mundo do Trabalho e o Fórum Baiano de Gestores Públicos Municipais de Esporte e Lazer.

E foi com muita emoção que recepcionei Isaquias Queiroz, nosso triplamente medalhista (ouro, prata e bronze) nos Jogos Olímpicos de 2016. Lembro que almoçamos no restaurante da Casa do Comércio. Ele admirou a beleza do prédio e lamentou que tão poucos negros tivessem acesso àquele lugar. "Veja, nós dois somos os únicos clientes negros. Os demais negros são os garçons", disse ele. Isaquias relatou situações de discriminação racial em que se viu envolvido, demonstrando grande consciência política do impacto do racismo nas vidas negras. Afirmou que não queria ser bem tratado por ser o campeão mundial, e sim que toda pessoa negra recebesse atenção e cuidado por ser cidadã, do mesmo jeito que as pessoas brancas.

Isaquias chegou a lembrar do quanto já se sentiu deslocado em espaços de elite onde era o único negro, e recordou um constrangimento que havia sofrido com um policial, em Ubaitaba, sua cidade natal, em que foi tratado de forma desrespeitosa e grosseira, até que o referido policial soube que ele era atleta, e então mudou o tom. Com certeza, uma conversa que me fez admirá-lo ainda mais pela sua sensibilidade frente à questão racial.

Cumprindo o compromisso que o governador Rui Costa

assumiu com Isaquias Queiroz, lançamos o edital e demos a ordem de serviço para construção de três centros de canoagem, abrangendo as cidades de Ubaitaba, Ubatã e Itacaré, por onde passa o Rio de Contas, e assinamos convênio com a Associação Cacaueira para fomentar o esporte de canoagem entre os adolescentes, para formação de futuros atletas.

Uma das pautas mais duras no mercado de trabalho capitalista é a submissão de trabalhadoras e trabalhadores a circunstâncias muito próximas da escravidão. Então, em parceria com o Ministério Público do Trabalho, realizamos uma oficina sobre o tema da violação de direitos, atendendo com bolsa-auxílio 19 pessoas resgatadas de condições análogas à escravidão em fazendas no município de Itambé.

Estar diante daqueles homens sofridos, duramente explorados, me fez sentir ainda mais profundamente a dor de viver num país em que direitos trabalhistas e direitos humanos são pautas tão violadas, à margem do que determinam os direitos fundamentais previstos no artigo 5º da nossa Constituição.

Outra iniciativa que trouxe retornos muito positivos foi o Programa Primeiro Emprego, o qual virou o carro-chefe da secretaria. Desenvolvido em parceria com a Secretaria de Educação do Estado (SEC) e supervisionado diretamente pelo governador, o programa inseria jovens egressos da Educação Profissional em vagas no serviço público. Embora fosse aberto também para a iniciativa privada, a adesão majoritária sempre foi das secretarias e de outras instituições públicas. Cabia à Setre convocar a juventude que atendia aos critérios de desempenho previstos pelo programa, através de cartas de encaminhamento para as vagas captadas.

O mercado de trabalho capitalista conta com um grande exército de reserva, que são os desempregados, muitos com experiência. A classe trabalhadora se renova com a juventude, filhas e filhos dos assalariados, num ciclo que se repete e encerra contradições do próprio capitalismo. A juventude é empurrada pela necessidade de sobrevivência para o mundo do trabalho, mas o mercado que exige experiência também não ajuda os jovens nos seus primeiros passos no campo profissional. Se as oportunidades de primeiro emprego não são dadas, não há como ter experiência registrada no currículo.

Em prol dessa causa, reforçamos a equipe do SineBahia e conseguimos, junto com a Secretara de Educação da Bahia - SEC, inserir 4.370 jovens, de 178 municípios, em um ano. Mais de 70% dos contemplados eram jovens negros e negras.

Sem dúvida a passagem no governo foi determinante para a interiorização do meu nome e a vitória que conquistamos em 2018, para deputada estadual com 57.755 mil votos, sendo a mais votada da bancada do PCdoB. A repercussão foi enorme no povo negro. Finalmente a gente entrou pela porta da frente. E quis a história que o meu gabinete ficasse justamente no pavilhão Nelson David Ribeiro, deputado a quem a minha mãe serviu, nos anos 1950, como trabalhadora doméstica, em troca de comida e um lugar para dormir, como era o costume da época.

Em tempos atuais, mesmo com a conquista da Lei Complementar 150/2015, que garante os direitos trabalhistas das domésticas, a informalidade e a violação de direitos permanecem na maioria dos contratos dessas profissionais. Dados do IBGE, do primeiro semestre de 2019, revelaram que apenas 28,4% das trabalhadoras domésticas tinham carteira assinada.[16]

Nosso partido elegeu uma bancada de cinco parlamentares. Éramos quatro homens e uma mulher: eu, Fabrício, Dal, Zó e Bobô, ex-jogador do Bahia, celebrado pela sua "elegância sutil", na música de Caetano Veloso, interpretada pela maravilhosa Maria Bethânia. Um deles, o deputado Dal, que era novo no PCdoB, saiu imediatamente após a eleição, migrando para o PP, partido de direita que tinha mais a ver com a sua identidade política e ideológica.

Confesso que enfrentei uma grande dificuldade de integração na bancada. Os colegas deputados, homens, tinham um modus operandi de funcionamento, e não demonstravam nenhuma vontade política de modificá-lo. Eles tratavam entre si as posições políticas que deveríamos adotar frente às pautas de votação e outros assuntos. Não havia reuniões que envolvessem a coletividade dos mandatos. Era uma espécie de naturalização de um jeito de fazer as coisas sem discussão, sem ouvir minhas opiniões, como se eles se bastassem, já que assim o era antes de eu ser eleita. Mas isso não me impediu de encontrar o meu lugar na casa legislativa, me apoiando nas mulheres, dialogando com a bancada da maioria do governo e também com a da oposição.

A capacidade de diálogo com as diferentes forças políticas possibilitou o fechamento de um acordo, jamais ocorrido, de votação dos projetos das mulheres. Na condição de presidenta da Comissão dos Direitos das Mulheres, consegui articular, com o líder do governo, a Comissão de Constituição e Justiça (CCJ) e a liderança

---

[16] RODRIGUES, Márcia. Apenas 28,4% dos trabalhadores domésticos têm carteira assinada. *R7*. 18 de agosto de 2019. Disponível em: <https://noticias.r7.com/economia/apenas-284-dos-trabalhadores-domesticos-tem-carteira-assinada-19082019>. Acesso em: 06 jan. 2022.

da oposição para votar um pacote de projetos das deputadas. Entre os aprovados estavam a Lei da Dignidade Menstrual, de minha autoria, a Criação da Procuradoria da Mulher, cuja responsável foi a deputada Fabíola Mansur, e do qual eu fui relatora, e o projeto que gerou a Lei 14.363, que dispõe sobre o direito de as lactantes amamentarem em quaisquer locais no interior dos estabelecimentos comerciais, prédios públicos e afins, de autoria da deputada Ivana bastos, entre outras importantes iniciativas que viraram leis.

A presença das mulheres sempre foi minoritária, mas muito marcante na história da Assembleia Legislativa da Bahia (ALBA). Ressalto aqui que a primeira deputada baiana era uma feminista, Maria Luíza Bitencourt, uma advogada formada na Universidade do Rio de Janeiro.

> Durante a graduação, foi secretária da União Universitária Feminina e atuou no Congresso Penal Penitenciário Brasileiro, ocasião na qual apresentou tese sobre o encarceramento de mulheres. Foi integrante da Federação Brasileira pelo Progresso Feminino – FBPF, participando intensamente da organização e das atividades desenvolvidas pela entidade. Durante sua atuação, defendeu ideias acerca do regime de família no Direito Civil pátrio e apresentou trabalho sobre a regulamentação do ensino primário. Regressou à Bahia, incorporou-se ao movimento de mulheres local, quando presidiu a Liga Eleitoral Independent do estado, promovendo campanhas eleitorais pelo sufrágio feminino desde 1933.[17]

O IBGE trabalha com as classificações raciais preta, parda, branca e indígena. Eu sou a primeira mulher fenotipicamente preta e assim autodeclarada a ocupar uma cadeira de deputada na

---

[17] ARQUIVO NACIONAL. *Série Mulheres e o Arquivo:* Maria Luiza Bittencourt. 1º de maio de 2019. Disponível em: <https://www.gov.br/arquivonacional/pt-br/canais_atendimento/imprensa/noticias/serie-mulheres-e-o-arquivo--maria-luiza-bittencourt>. Acesso em: 08 jan. 2022.

ALBA. Sem dúvida algumas mulheres pardas chegaram antes de mim e continuam a chegar. Mas a metamorfose, a transição étnica frequentemente faz com que muitas assumam estereótipos brancos no exercício do poder, acentuando seus traços da raça branca, como se quisessem diluir suas características negroides. Desse modo, lançando um olhar na galeria de imagens das poucas mulheres que fizeram parte da Assembleia Legislativa, percebe-se que as pretas, as retintas, lá não estão, o que é uma grande contradição, considerando que, na Bahia, a população negra corresponde a 81,1%[18] e as mulheres são 51,6%.[19]

Muitos me diziam que seria muito difícil eu conseguir aprovar projetos de lei na Assembleia. Que a cultura da casa era de só aprovar projetos de autoria do Poder Executivo e poucas iniciativas dos deputados, como criação de datas simbólicas, títulos e honrarias. Mas meu lema é não aceitar facilmente o não e lutar sempre pelo sim. E foi dessa maneira que consegui a aprovação de projetos importantes para as mulheres e para o povo baiano.

A primeira lei a gente nunca esquece. Quando fui secretária da SPM, me deparei com diversos casos de mulheres dependentes economicamente de seus companheiros. A autonomia precisa ser entendida como parte do processo de quebra do ciclo de violência e de emancipação das mulheres. Por isso, fiquei muito emocionada quando conseguimos aprovar a Lei 14.234/2020, que dispõe sobre o encaminhamento prioritário para as mulheres vítimas de violência

---

[18] G1 – BA. Uma em cada 5 pessoas na Bahia se declara preta, aponta IBGE. 22 de maio de 2019. Disponível em: <https://g1.globo.com/ba/bahia/noticia/2019/05/22/uma-em-cada-5-pessoas-na-bahia-se-declara-preta-aponta-ibge.ghtml>. Acesso em: 05 jan. 2022.

[19] BAHIA ECONÔMICA. População feminina é maioria na Bahia com 51,6%, aponta IBGE. 06 de maio de 2020. Disponível em: <https://bahiaeconomica.com.br/wp/2020/05/06/populacao-feminina-e-maioria-na-bahia-com-516--aponta-ibge/>. Acesso em: 06 jan. 2022.

doméstica aos programas de geração de emprego, trabalho e renda do Governo do Estado da Bahia e às vagas nas empresas prestadoras de serviços, entre outras providências.

Em homenagem à memória do Mestre Moa do Katendê, recepcionamos e debatemos com o coletivo Capoeira em Movimento, o Conselho da Salvaguarda, entre outros grupos, o projeto que deu origem à Lei 14.341/2021, que prevê a Salvaguarda e Incentivo da Capoeira no Estado da Bahia. Vale lembrar que Mestre Moa foi vítima da campanha truculenta desencadeada por Bolsonaro e seus seguidores, que banalizava a tortura e as múltiplas formas de violência. Moa foi assassinado com 12 facadas, por um eleitor de Bolsonaro, na madrugada de 8 de outubro, de 2018, após uma discussão em que ele afirmou ter votado em Fernando Haddad[20]. A morte de Mestre Moa foi o mais simbólico e trágico exemplo da banalização do mal em que mergulharia o Brasil.

Outro projeto nosso aprovado e sancionado sem vetos foi o que criou a Lei de Combate à Pobreza Menstrual (nº 14.365/2021), que resultou da luta coletiva do movimento de mulheres. Destaco a atuação das jovens do grupo Girl Up, que nos procurou e propôs que encampássemos a proposta, por identificarem no nosso mandato um canal seguro de participação e representação política das pautas feministas. O grupo Absorvendo Esperança também se juntou a nós. E é como refletiu a pesquisadora Maíra Kubík Mano:

> Mulheres parlamentares, como sujeitos que historicamente estiveram na política institucional em um número muito inferior ao dos homens – quando não inexistente –, poderiam conseguir enxergar

---

[20] G1 – BA. Investigação policial conclui que morte de Moa do Katendê foi motivada por briga política; inquérito foi enviado ao MP. 17 de out. de 2018. Disponível em: <https://g1.globo.com/ba/bahia/noticia/2018/10/17/investigacao-policial-conclui-que-morte-de-moa-do-katende-foi-motivada-por-briga-politica-inquerito-foi-enviado-ao-mp.ghtml>. Acesso em: 28 nov. 2021.

situações que estes não veem, em especial aquelas que dizem respeito às próprias posições de sujeito das mulheres. Sabendo, contudo, que trata de algo dinâmico, já que essas mesmas mulheres são atravessadas pelas relações sociais estruturantes, não apenas de gênero como de raça e de classe.[21]

Projeto de teor semelhante, aprovado no Congresso Nacional, foi parcialmente vetado pelo presidente Jair Bolsonaro, alegando não haver recursos para tal despesa. Entretanto, houve recursos bilionários para o chamado orçamento paralelo, um orçamento secreto que alimentou com emendas adicionais a sua base parlamentar do governo, sobretudo na votação da PEC dos Precatórios. Tal esquema foi descoberto e denunciado pela bancada de oposição. O PSOL entrou com uma Arguição de Descumprimento de Preceitos Fundamentais no Supremo Tribunal Federal (STF) e ganhou. A relatora, a ministra Rosa Weber, em seu voto que foi acompanhado pela maioria dos ministros, argumentou que o orçamento secreto fere os princípios da impessoalidade e da publicidade, e determinou a suspensão dessas emendas e que fosse dada publicidade a todos os documentos que fundamentaram as emendas liberadas em 2020 e 2021. Uma derrota para esse governo, que levou o fisiologismo ao campo do inimaginável.

No auge da luta dos trabalhadores e trabalhadoras com a saída da Ford de Camaçari, criamos também a Frente Parlamentar em Defesa da Industrialização da Bahia e do Emprego. E na retomada das atividades escolares com a pandemia mais controlada, fui relatora da Lei 14.306/21 que instituiu o programa Mais Estudo, com bolsa-auxílio no valor de R$ 200,s00, por três meses, para alunas e

---

[21] MANO, Maira Kubik. *Atuar como mulheres:* um olhar sobre a política institucional. Curitiba: Editora Appris, 2021. p. 37.

alunos das escolas públicas, com notas a partir de 8.0, para ajudar aos colegas com baixo desempenho em Língua Portuguesa e Matemática. Esse programa foi disponibilizado para 10 mil estudantes.

Enfim, nosso mandato segue atuante e afinado com grande parte do movimento feminista e antirracista na certeza de que é possível, e absolutamente necessário, arrombar as portas do parlamento baiano para que mais mulheres negras, indígenas, trans e outros grupos historicamente excluídos, possam ocupar espaços de representação, sobretudo com agenda democrática e popular.

BREVE DIÁRIO DE UMA MILITÂNCIA

"A militância é uma alternativa à loucura."
(Bell Hooks)

Assim que me formei e saí do movimento estudantil, mergulhei no movimento negro, prioritariamente. Muitas e muitos me inspiravam, e ensinaram tanto sobre o quanto era possível construir novas possibilidades de existência a partir da desobediência civil, da subversão, da contestação do lugar imposto às mulheres e homens negros, nas diferentes áreas sociais e na política. Reuniões, encontros e seminários sobre propostas educacionais de combate ao racismo e pedagogia interétnica (movimentos precursores da Lei 10.639/08, que preconiza o ensino da História Afro-brasileira e Africana), manifestações políticas contra os assassinatos de jovens negros, palestras, debates, audiências com órgãos governamentais, marchas a cada 20 de novembro, Dia Nacional da Consciência Negra, e em outras datas simbólicas, em um processo permanente de ação e reflexão.

A construção de agendas de resistência e denúncias atraía outras pessoas e colaborava com a formação de massa crítica contra o sistema de opressão racista. Os avanços e conquistas coletivas sempre vieram, mas não a ponto de sanar o gigantesco abismo social que o povo preto vivencia nesta pátria mãe nada gentil com seus filhos e filhas estratificados pelos marcadores discriminatórios de raça, gênero e classe social. Em 1994, fui eleita coordenadora nacional da UNEGRO. Ao fazer esse relato de experiências vividas por mim, que me modelaram enquanto ser político, não posso dissociá-las do coletivo de pessoas pretas que, num ato de militância conjunta, construíram nossa história, pois os escritos de grupos subalternizados são narrativas de sobrevivência, de superação, resultantes das ações de muitas e muitos, ainda que registradas na primeira pessoa do singular.

Eu estava grávida de seis meses, da minha filha, Nanny, quando fui representar a UNEGRO, junto com a companheira Ubiraci Matilde, na Conferência Nacional de Mulheres Brasileiras, Rumo a Beijing, realizado em maio de 1995, no Rio de Janeiro. Viramos a noite num intenso debate que expunha as diferentes perspectivas das feministas brancas e negras. Nós mulheres negras apontávamos as insuficiências do documento base que seria enviado a Beijing, como fruto dos movimentos de mulheres brasileiras, para o fórum paralelo à Conferência Mundial.

A conferência oficial contaria com a delegação dos países composta por governo e sociedade civil, mas além disso, os movimentos sociais realizaram uma conferência paralela para discutir os temas na visão dos movimentos feministas e de outros grupos de mulheres, monitorar o andamento das oficinas e pressionar por políticas mais avançadas e com maior grau de efetividade, frente aos problemas abordados pelos governos na ONU. Apontávamos que o documento do Brasil, embora fosse resultado de debates anteriores, ainda era generalista. Tratava as desiguais igualmente. Ou seja, não demonstrava com consistência o quanto o racismo aprofundava as desigualdades sociais e produzia uma realidade muito mais precária para as mulheres negras na sociedade brasileira.

As articulações foram intensas, polêmicas, mas resultaram em mudanças importantes. O documento ficou mais rico, mais compatível com a realidade nacional, porque passou a incorporar as contribuições das feministas negras presentes naquele fórum. Vale destacar o papel de Matilde Ribeiro, Wânia Sant'Anna, Sueli Carneiro, além de mim, Ubiraci e outras valorosas companheiras. Tanto o relatório oficial, quanto a plataforma de ação mundial lançada pela ONU subsidiaram todo o debate.

Entre os grandes marcos do movimento negro brasileiro estão a Marcha 300 Anos de Zumbi dos Palmares, realizada em 1995, em Brasília, que reuniu aproximadamente 30 mil pessoas e denunciou as formas contemporâneas de racismo e exclusão da população negra, exigindo políticas públicas de combate às desigualdades raciais. Naquele momento, Fernando Henrique – aquele presidente que se autodefiniu "mulatinho" e que tinha "um pé na cozinha", numa entrevista à *Folha de São Paulo*, na campanha eleitoral de 1994 – era o presidente da República. Ele recebeu o movimento e publicou um Grupo de Trabalho para produzir propostas a serem encampadas pelo governo.

Dez anos depois, lá estávamos nós, novamente, em Brasília. Foram enterradas 300 cruzes no planalto central, denunciando os assassinatos de pessoas negras. Pautamos a aprovação do Estatuto da Igualdade Racial e a criação de um fundo de financiamento de políticas públicas para a eliminação do racismo. O estatuto foi aprovado e sancionado, posteriormente, no governo Dilma. Porém, o fundo nunca se tornou lei. O antirracismo continua fora do orçamento governamental, salvo iniciativas que são importantes, mas dispersas. Portanto, não basta proclamar direitos, escrevê-los na letra da lei, sem projetar políticas públicas com fontes de financiamento para materializá-las.

O movimento Brasil: Outros 500 anos de Resistência Negra, Indígena e Popular, ocorrido no ano 2000, em Porto Seguro, foi uma grande onda de protestos que desmascarou as comemorações governamentais de meio século da chegada dos portugueses ao nosso território. O movimento resgatou a visão dos vencidos, contra a romantização do colonialismo e do escravismo na formação da sociedade brasileira, que as elites e o governo queriam nos impor como agenda comemorativa.

Esse movimento foi duramente reprimido por forças policiais. Vários militantes foram presos ou espancados. Lembro das mulheres indígenas desesperadas, tentando proteger seus filhos dos ataques das tropas policiais que avançavam contra nós, com disparos de balas de borrachas, bombas de efeito moral e gás lacrimogênio. Mas nossa voz repercutiu internacionalmente, e o governo foi desmoralizado na sua narrativa. As cenas de uma verdadeira batalha campal, com pessoas indígenas e negras feridas, denunciando a truculência e a arbitrariedade da gestão do presidente Fernando Henrique e o Governador Cesar Borges, na Bahia, ganharam os grandes telejornais e demais veículos de imprensa, o oposto do que o governo havia planejado. O movimento derrubou ainda o ministro da cultura Rafael Greca. Já o presidente da Funai, Carlos Frederico Marés, ficou indignado com as agressões contra os povos indígenas e renunciou ao cargo.

A luta antirracista me levou a lugares onde jamais imaginei

que meus pés pisariam, vindo de onde venho. Em dezembro de 1996, fui uma das delegadas do II Encontro Afrocaribenho e Latinoamericano de Mulheres, realizado em San José, na Costa Rica. Aquela foi a minha primeira viagem internacional. Realizamos rodas de conversa, atividades culturais e lançamos uma campanha para dar visibilidade ao Dia das Mulheres Negras Latino-americanas e Caribenhas, que havia sido aprovado no primeiro encontro, mas ainda tinha um longo caminho para ser reconhecido, celebrado e popularizado pelas mulheres e organizações feministas negras no continente.

Selecionada pela USIA-EUA para participar do seu Programa de Visitação e intercâmbio cultural, estive nas cidades de Nova York, Atlanta, Cansas City, Memphis e Washington DC, durante o mês de janeiro de 1997. Cheguei ao aeroporto da capital dos Estados Unidos com roupas de frio que eu usava no inverno de Salvador, mas que não me dariam nenhuma proteção diante de um inverno rigoroso, repleto de neve, que meus olhos viram naquele momento, pela primeira vez na vida. A intérprete, Senhora Stephanie Mathews, que me acompanharia durante todas as viagens da intensa agenda de visitações, ficou impressionada com as minhas vestimentas, já que estávamos expostas a temperaturas negativas. Ela acionou a organização do programa e, rapidamente, fizeram uma exitosa campanha de doação de roupas quentes e mais adequadas para mim.

Conheci mais de trinta organizações negras e de mulheres e várias personalidades, a exemplo do Conselho Nacional de Mulheres Negras, o Congressional Black Caucus, em Washington DC, o Schomburg Center, no Harlem, em Nova York... Em Atlanta, encontrei-me com a artista plástica e curadora Tina Dunkley, nacionalmente reconhecida por ter descoberto um grande acervo de obras de arte de autoras e autores negros, nos porões de uma escola de arte que atendia a Universidade de Atlanta, nos idos de 1978, quando ela estudava mestrado.

Tive também o prazer de conhecer a professora Betty Shabazz, a viúva de Malcolm X que estava grávida de duas meninas gêmeas quando um dos maiores líderes da luta pelos direitos civis foi assassinado. Ela me falou dos projetos que desenvolvia, na área de educação, da saudade que sentia do amado esposo, e eu fiquei encantada de estar ali, cara a cara com a história. Seis meses depois, em julho de 1997, infelizmente Shabazz foi morta num Incêndio ocorrido no seu apartamento, em New York, que, segundo apontou as investigações, foi provocado por seu próprio neto, Malcolm Shabazz, que não queira morar com ela, e sim com a mãe Oubilah Shabazz. Essa foi mais uma terrível tragédia que marcou a família do grande líder negro Malcolm X.

A visita aos Estados Unidos foi uma experiência muito rica que me deu uma dimensão ainda maior das potencialidades negras e feministas existentes naquele país, que contrastavam com as persistentes relações sociais mediadas por práticas racistas e que, apesar de ser o maior império produzido pelo capitalismo, não conseguia oferecer condições socioeconômicas que elevassem a qualidade de vida de todos. Miséria, desalento, desemprego, pessoas morando nas ruas sob um frio violento faziam parte da paisagem, demonstrando as feridas abertas no tecido social. Os negros e latinos de diversos cantos do mundo que chegaram àquele país em busca de uma vida melhor – deixando muitos mortos e desfalecidos para trás, em tentativas frustradas de burlar a política de imigração –, conforme pude observar, não conseguiram, nem de longe, alcançar o tal "sonho americano", que idealizavam.

O racismo, a intensa compartimentalização dos grupos sociais, a luta voraz pela sobrevivência sob um conjunto de valores belicosos, xenófobos e de naturalização da competitividade para o acesso aos bens da sociedade, na verdade, sufocam a chance de a ampla diversidade étnica se materializar na estrutura socioeconômica naquela sociedade. Assim, não se presencia uma harmonização social, e persistem a recorrente estratificação e o descarte de pessoas para alimentar o sistema de desigualdade e de valores conservadores e avessos à equidade, à paz e à justiça social.

Em 2001, o movimento negro brasileiro constituiu a maior delegação para participar da III Conferência Mundial contra o Racismo, a Xenofobia e Formas Conexas de Intolerância, realizada em Durban, na África do Sul. Eu integrei a equipe oficial, sendo representante da União de Negros pela Igualdade (UNEGRO) e fui uma das três oradoras do movimento social que se pronunciaram naquele fórum, em que depositamos expectativas de que se poderiam acelerar as políticas de enfrentamento ao racismo nos países da diáspora africana.

Zelia Amador, do Centro de Estudos e Defesa do Negro no Pará (CEDENPA), e João Carlos Nogueira, do Núcleo de Estudos Negros (NEN), do Rio Grande do Sul, vozes que também ocuparam a tribuna junto comigo, também denunciaram o racismo brasileiro e exigiram políticas de reparação. A relatora-geral da Conferência foi a ativista brasileira Edna Roland, uma das fundadoras da organização de mulheres negras Geledés e, anos depois, da Fala Preta.

A conferência foi histórica, reunindo mais de 16 mil pessoas e 173 países. Reconheceu a escravidão e o tráfico de africanos e africanas como crimes contra a humanidade, o que abriu a possibilidade de os estados signatários do Plano de Ação e da Plataforma de Durban adotarem políticas de reparação dos danos causados às populações negras, impactadas nos seus direitos pelo racismo.

De volta ao Brasil, o plano da delegação de militantes era dar uma coletiva de imprensa e estabelecer uma agenda arrojada para divulgar a Declaração e o Plano de Ação de Durban. Entretanto, os ataques do 11 de setembro sufocaram, quase que irreversivelmente, a repercussão daquela Conferência Mundial, já que não só a imprensa brasileira, mas também a internacional foram completamente ocupadas pela cobertura do ataque terrorista e seus desdobramentos. Com certeza uma trágica ironia ter acontecido logo após uma conferência mundial que tinha discutido o racismo entre povos de diversas partes do mundo, tornando-se um fato que fez crescer, ainda mais, a xenofobia, a discriminação contra populações não brancas, sobretudo árabes e negras, situação diametralmente oposta aos objetivos traçados naquele fórum.

Anos depois, em 2009, em Genebra, na Suíça, integrei a delegação brasileira na Conferência Mundial de Revisão da Declaração e do Plano de Ação da Conferência Mundial de Durban contra o Racismo, a Discriminação Racial, a Xenofobia e Formas Correlatas de Intolerância, que foi liderada pelo então ministro da SEPPIR, Edson Santos.

Vale destacar que os esforços de uma conferência mundial são no sentido de garantir consensos e compromissos dos governos para implementar as deliberações. Contudo, assim como aconteceu no evento de 2001, na África do Sul, os EUA e Israel lideraram um movimento de tentativa de esvaziar a Conferência de Genebra. Além de muitos países não comparecerem, alguns dos que foram enviaram autoridades de menor escalão. Desse modo, o evento se deu num ambiente bastante conturbado, em decorrência dos protestos feitos por diplomatas dos EUA, de Israel e seus aliados, contra a presença do presidente do Irã, Mahmoud Ahmadinejad, que em seu pronunciamento chegou a chamar Israel de "racista", acirrando ainda mais as tensões naquele plenário.

Esse episódio nos acendeu o receio de toda a conferência ir por água abaixo. O ministro do Brasil que participava da reunião se manteve em silêncio, numa posição de neutralidade, enquanto países como os EUA, Israel, Canadá, Austrália, Alemanha, Itália, Holanda, Polônia, Nova Zelândia e a Grã-Bretanha se retiraram antes ou durante o discurso de Ahmadinejad.[22]

E assim como ocorreu em Durban, nem os EUA nem Israel se comprometeram com o documento final da conferência, que conclamava as nações a realizar esforços para o combate ao racismo, à xenofobia e a formas conexas de intolerância. Na verdade, o conflito israelo-palestino sempre esteve no centro das atenções dos EUA e seus aliados nas conferências antirracistas. O ato de admitir uma conduta antipalestina, para não fortalecer a luta justa daquele povo por seu país e sua liberdade, faz com que os governos ocidentais se unam para sabotar ou desempoderar tais conferências convocadas pela ONU, o que prejudica os demais povos e suas pautas decoloniais e de enfrentamento às múltiplas discriminações e intolerâncias. Vale aqui lembrar o que diz Angela Davis:

---

[22] BBC BRASIL. Diplomatas deixam reunião da ONU durante discurso do líder do Irã. Disponível em: <https://www.bbc.com/portuguese/lg/noticias/2009/04/090420_confracismoprotestofn>. Acesso em: 20 jun. 2021.

> [...] Me reúno mais uma vez para intensificar as campanhas contra outro sistema de apartheid e em solidariedade às lutas do povo palestino. Como disse Nelson Mandela: "sabemos muito bem que nossa liberdade é incompleta sem a liberdade das pessoas palestinas".[23]

A questão Palestina é um tema que deve despertar a solidariedade dos que lutam contra o racismo e em defesa da autodeterminação dos povos. Em 2019, Angela Davis teve revogado o Prêmio de Direitos Humanos Fred Shuttlesworth, após ter levantado sua voz contra o massacre de palestinos, cometidos por Israel. O prefeito da cidade de Birmingham, que concederia a honraria, declarou à imprensa a revogação que resultou das pressões de grupos pró-Israel.

E na articulação e luta internacional contra o racismo, compareci como convidada ao Encontro Mundial de Democracia Participativa contra a Pobreza, em 2007, e ao Encontro de Homens e Mulheres pela Igualdade de Gênero (2009), ambos em Lyon, na França. Atuei também como convidada do Programa de Cooperação com a População Afrodescendente da América Latina, em Montevidéu, no Uruguai, realizado pela Agência Espanhola de Cooperação, em 2010.

Um dos momentos mais fortes de conexão com a minha ancestralidade foi quando participei do 9º Congresso da FRELIMO, em Moçambique, representando o PCdoB. Nas ruas, eu via muitas pessoas que me pareciam familiares, como nunca senti em outros países africanos. Recordo-me de um senhor que lembrava a fisionomia do meu pai, numa feira livre que visitamos. E quando viajamos de Maputo rumo a Quelimane, na província da Zambézia, eu entrei naquele avião cheio de pessoas negras, de diferentes nações, e me

---

[23] DAVIS, Angela. *A liberdade é uma luta constante*. São Paulo: Boitempo, 2015. p. 58.

emocionei. Chorei copiosamente com aquela cena. Tripulação e passageiros, negras e negros, algo que eu jamais tinha vivenciado. Eu estava sozinha e fui acolhida pela delegação de Angola. Passamos a ficar mais com elas e eles na maior parte da programação do evento.

No meu discurso no Congresso, o presidente da República Armando Guebuza estava na mesa. Falei dos laços inquebrantáveis do Brasil com a África, um enlace resultante de um brutal processo de escravidão, que trabalhávamos para ressignificar, sobretudo com a nova política adotada pelo presidente Lula, de investimento em relações de cooperação cultural, econômica, tecnológica, baseadas no respeito e fortalecimento da soberania das nações africanas. Recebi uma calorosa e duradora salva de palmas, que me deixaram comovida. E muitos deles na plateia também demonstraram emoção e até lágrimas.

No entanto, há muito o partido moçambicano se distanciou dos seus postulados revolucionários, socialistas. Virou um partido convencional burguês, pouco comprometido com transformações mais profundas. Ainda assim, é importante manter a relação e conhecer a experiência política moçambicana, pós-independência.

Ali eu tive a oportunidade de conhecer a senhora Graça Michel. Mama Graça, como é chamada em seu país, participou da luta armada pela Independência de Moçambique de Portugal, movimento que durou de 1964 a 1974. Ela casou-se com seu companheiro de lutas e batalhas, o líder da revolução moçambicana Samora Machel, que foi o primeiro presidente do país, morrendo num acidente aéreo extremamente suspeito, em 1986. Em 1998 Mama Graça, que seguiu defendendo seus ideais para o desenvolvimento dos países africanos, casou-se com Nelson Mandela, tornando-se a primeira-dama da África do Sul. Ela já entrou para a história pela sua contribuição política para o empoderamento das mulheres africanas e também como a única mulher que foi primeira dama de dois países. Ela me contou com orgulho o papel da Organização da Mulher Moçambicana nas lutas nacionais pela Independência do país.

Jacob Zuma, do ANC, também esteve nesse Congresso da Frelimo. Ele adentrou o salão do evento de maneira triunfal, com uma grande delegação sul-africana que o acompanhava. Zuma discursou e cantou "Kanimambu, Frelimo", como forma de agradecer a Moçambique por ter lhe dado refúgio, durante 10 anos, na época da luta contra o regime de Apartheid. Lembro-me que uma participante comentou comigo sobre o caso de um suposto estupro que Zuma estaria envolvido, ocorrido em 2005. Ele foi julgado e absolvido, grupos de mulheres tenham se manifestado contra a decisão do juiz.

Zuma se tornaria, mais tarde, presidente da África do Sul, em 2009. Um governo conturbado e marcado por inúmeras acusações de corrupção e uma grave crise econômica. Zuma foi levado a renunciar em 2018, por pressão do seu partido, o Congresso Nacional Africano (CNA).

A África do Sul, que derrubou o regime do apartheid, manteve preservada a estrutura de desigualdade edificada pelo capitalismo e suas políticas econômicas neoliberais. Um dos exemplos de que não basta ser antirrascita, é preciso também ser anticapitalista.

Eu já era secretária de Políticas para as Mulheres da Bahia, quando tive a oportunidade de integrar a delegação brasileira para a 59ª Sessão da Comissão sobre a Situação das Mulheres (CSW), realizada em Nova York, em 2015, que fez o balanço dos avanços e desafios dos vinte anos da IV Conferência Mundial sobre os Direitos das Mulheres. Várias deputadas estiveram presentes, incluindo a deputada federal baiana Lídice da Mata. A temática central da reunião consistiu em debater e deliberar sobre "os avanços e desafios para a implementação dos objetivos da Plataforma de Beijing e como estes influenciam na equidade e empoderamento feminino"[24], conforme consta no informativo da instituição.

A participação do Brasil em fóruns internacionais, sobretudo durante os governos de Lula e Dilma, predominantemente se caracterizou dentro da diplomacia, da afirmação da nossa soberania, da defesa de valores democráticos estabelecidos na nossa Constituição, e do respeito entre as nações. Mas Bolsonaro subverteu essa lógica, inaugurando uma coleção de vexames a cada aparição nos fóruns da ONU ou de outros organismos internacionais. Desde a sua chegada ao Fórum Econômico de Davos, quando desmarcou uma coletiva de imprensa, em janeiro de 2019, as inverdades sobre a política do meio ambiente, na Conferência da ONU sobre as Mudanças Climáticas, em Glasgow, 2021, passando pela rudeza da comitiva brasileira na Cúpula sobre os 25 anos da Conferência Internacional sobre População e Desenvolvimento (CIPD), ICPD25, realizada em Nairóbi, celebrando os 25 anos da CIPD, realizada no Cairo, a política internacional do vexatório governo da extrema direita só empurrou o país para o isolamento, crises diplomáticas e perdas econômicas.

Convidada pelo Fundo de Populações das Nações Unidas, eu estive presente na Conferência ICD 25, palestrando em dois

---

[24] MINIONU. A Comissão Sobre a Situação das Mulheres (CSW) e os 20 anos da Declaração de Pequim. 2017. Disponível em: <https://minionupucmg.wordpress.com/2017/09/11/a-comissao-sobre-a-situacao-das-mulheres-csw-e-os-20-a-nos-da-declaracao-de-pequim/>.

grupos, já que também havia participado como painelista do Fórum de Alto Nível, realizado em San José, na Costa Rica, abordando o tema "Criando Sinergia e Identificando os Desafios para o Acesso à Justiça, ao Desenvolvimento e à Participação Política de Afrodescendentes". Destaco que nesse fórum, foi pactuada a carta de "Compromissos de San José para Acelerar o Cumprimento dos Direitos das Pessoas Afrodescendentes da América Latina e do Caribe".

Em Nairóbi, pude testemunhar a péssima imagem que o governo brasileiro difundiu sobre o nosso país. A delegação oficial Fernando Coimbra se posicionou na contramão dos esforços das nações comprometidas com a garantia dos direitos sexuais e reprodutivos das mulheres. Diferente do que estabelece a legislação brasileira e a nossa Constituição, o documento oficial rechaçava o aborto em qualquer circunstância, numa visão criminalizadora e punitivista, ignorando a abordagem do aborto como um problema de saúde pública, responsável pelas mortes de milhares de mulheres submetidas a procedimentos precários e sub-humanos. Diversas organizações da sociedade civil apresentaram um manifesto de protesto crítico à atitude do governo brasileiro, defendendo a saúde pública, o enfrentamento à mortalidade materna, a autonomia das mulheres frente aos seus direitos sexuais e reprodutivos, entre outras pautas.

Finalizo este capítulo, que virou um verdadeiro diário de viagem, contando como foi a minha passagem pela China. Em 2014, participei de um programa de intercâmbio cultural, naquele país milenar, do outro lado do mundo, integrando uma delegação de visitantes do PC do B, em que senti, naquele país asiático, de ali senti de forma peculiar, o peso da diferença.. O povo chinês tem suas singularidades, etnias diversas, mas também muitas semelhanças entre si.

Eu passei dez dias por lá, sem nunca ter visto uma pessoa negra fazendo turismo ou trabalhando. As pessoas se surpreendiam ao me ver, e a curiosidade era despertada onde quer que eu passasse. Foi perturbador receber aquela atenção, ser aquele conjunto unitário que jamais poderia se diluir na multidão. Ao visitarmos a Cidade Proibida, uma estrutura de mais de cinco séculos, concebida para ser morada dos imperadores, numa estética modelada sob os parâmetros *feng shui*, que visa harmonizar e atrair energias positivas, fiquei muito impressionada com aquele lugar que eu só havia visto nas telas de cinema ou em livros. Imaginava toda a história ali agregada, de um povo que venceu a peste, a miséria, a fome, tantas guerras e que segue construindo sua experiência própria de Socialismo.

Outros olhos, porém, miravam a mim com igual interesse. A deputada Alice Portugal, que estava junto comigo na delegação, me cutucou, sinalizando que olhasse a minha volta. Qual não foi a minha surpresa quando me virei e me deparei com um aglomerado de pessoas que me rodeavam com expressão de curiosidade. Elas abandonavam os guias turísticos e se dirigiam a mim como se estivessem diante de alguém incomum, a outra a despertar fascinação. Algumas quiseram me tocar, crianças pediam para pegar no meu cabelo, nas minhas tranças, impressionadas com este ser, não semelhante, tão distinto de cada um deles e delas, e como povo e coletividade. Interagi com eles com a ajuda de um intérprete, e logo segui meu caminho, me desvencilhando daquela situação inusitada.

O país tem cerca de 56 grupos étnicos. Estive em Pequim, em Tianjin, cidade costeira, cuja maioria da população é de etnia han, majoritária na China, e em Hohhot, na região autônoma da Mongólia Interior, cujo grupo predominante são os khalkha mongóis. Procurei saber do governo chinês e de representantes do povo, quando tive oportunidade de questioná-los sobre a política de controle de natalidade, que sabia ser muito rígida no país. A resposta foi a mesma. Uma nação com 1,4 bilhão de habitantes já é uma explosão demográfica. Se não houver planejamento familiar, pode haver implicações maiores sobre o cenário socioeconômico. Entretanto, apesar de ter adotado, durante muito tempo, uma política de controle de natalidade severa, o governo chinês não aplicava a mesma regra para os grupos étnicos minoritários. Estes tinham liberdade de procriação para não serem extintos.

  A humanidade é extraordinária, diversa, singular e plural. São os preconceitos que destroem a beleza e servem às relações de dominação. Que nossa militância persista em todo o planeta, contra o patriarcalismo, o etno-racismo e o capitalismo, almejando sociedades não racializadas, sem opressões de gênero e classe social.

MULHERES NEGRAS: VENCENDO ESTEREÓTIPOS E OCUPANDO ESPAÇOS DE PODER

Estereótipos são ideias preconcebidas e distorcidas sobre as pessoas, as coisas do mundo, os fatos. O preconceito racial serviu de base para a construção de uma imagem estereotipada das pessoas negras, suas capacidades, potencialidades, seu caráter, entre outros atributos. Nesse sentido, os estereótipos não só contribuem para fundamentar a superexploração da força de trabalho negra, mas também para travar o nosso acesso aos espaços de poder, que podem modificar ou subverter essa lógica.

Numa sociedade racista, a forma como as mulheres e os homens negros são vistos sob a lente de estereótipos negativos e marginalizantes afeta também a maneira como as próprias pessoas negras se enxergam, de modo que muitas sequer acreditam no seu próprio potencial. E mesmo as que conseguem erguer sua autoestima, apesar da aridez das relações sociais racializadas, enfrentam as mesquinharias racistas do cotidiano, além de correr o risco de vivenciar as macrodiscriminações, que podem ser truculentas e mesmo letais.

Segundo Patricia Hill Collins, há três dimensões fundamentais e interdependentes em relação às mulheres estadunidenses, que também podem ser, em minha opinião, aplicadas à realidade das mulheres negras brasileiras e de outros países das Américas. Tais dimensões seriam: a exploração do trabalho dessas mulheres para o desenvolvimento do capitalismo; a opressão no âmbito político, que negou às mulheres negras direitos e privilégios atribuídos aos homens brancos, como o direito de votar por um longo tempo; e as imagens de controle. Citando obras de várias autoras e autores, Collins destaca que:

> Imagens de controle surgidas na era da escravidão e ainda hoje aplicadas às mulheres negras atestam a dimensão ideológica da opressão [...]. Quando falo em ideologia, refiro-me a um corpo de ideias que reflete os interesses de um grupo de pessoas. [...] as ideologias racista e sexista permeiam a estrutura social a tal ponto que se tornam hegemônicas, ou seja, são vistas como naturais, normais, inevitáveis.[25]

Na vida pessoal e na política, eu já vivenciei inúmeras circunstâncias em que o racismo acompanhou meus passos, causando embaraços e negações. Independente da complexidade da situação configurada, é sempre uma experiência marcante. Compartilho com vocês alguns episódios cotidianos em que a minha presença contrariou estereótipos que fixam as mulheres negras em posição de subalternidade.

Chegando ao município de Esplanada com a assessora de comunicação da Secretaria de Políticas para as Mulheres, Maisa Amaral, para dar uma entrevista numa rádio local sobre a IV Conferência Estadual dos Direitos das Mulheres, em 2015, a pessoa que nos recebeu na rádio se dirigiu imediatamente a Maisa como se ela fosse a secretária. Eu fiquei parada, observando a situação. Maisa,

---

[25] COLLINS, Patricia. *Pensamento Feminista Negro*. São Paulo: Boitempo, 2019. p. 34-35.

constrangida, reagiu, retificando a atitude do cidadão: "A secretária é ela", sinalizando na minha direção.

Aproximando-se do processo eleitoral de 2022, o companheiro militante Kazumbá, figura bastante popular em Feira de Santana e em outros municípios baianos, me levou para conversar com algumas lideranças na cidade de Santaluz. Ao chegar à residência de um casal de amigos dele, fui apresentada como a deputada Olívia Santana. Kazumbá pediu apoio para mim na eleição que estava por vir. Queria saber se poderia contar com o senhor Carlos e sua esposa, Marcia, como ocorrera em outros pleitos, quando ele havia apoiado outro candidato.

Depois de muitas conversas e gargalhadas, parecia que estávamos bastante entrosados. E qual não foi a nossa surpresa quando seu Carlos disse: "Pode trazer a deputada de vocês aqui que a gente vai apoiar". Kazumbá deu um salto e respondeu: "Oxente, rapaz, a deputada é ela, Olívia, aqui falando com você". O homem me olhou constrangido e explicou que não tinha entendido que eu era a deputada. Pediu desculpas sucessivas vezes. E eu lhe disse umas verdades em tom de brincadeira: "Sou a primeira preta da ALBA, e sei que nosso povo não está acostumado a uma deputada negra como eu. Mas, com certeza, não serei a única por muito tempo. Nossa luta é pra que mais mulheres negras se elejam, para não ser mais surpreendente a nossa presença física e política nas casas legislativas".

Lembro também que, após me pronunciar em um evento na centenária Associação Comercial da Bahia, um senhor se dirigiu a mim como se me elogiando e disse: "Fiquei surpreso com seu discurso. Não imaginava que você fosse tão inteligente. Parabéns!". Eu fiquei perplexa com a confissão. O que o levou a acreditar que eu não era uma pessoa inteligente? Ou seja, ele esperava menos de mim, e eu lhe dei mais, contrariando sua visão estereotipada sobre minha capacidade intelectual e política.

Porém, a mais chocante situação foi quando fui abordada por duas mulheres no evento "Folia do Batom", realizado no dia 4 de fevereiro de 2017, num hotel de luxo de Salvador, o Hotel Catussaba. Eu havia sido convidada pela vice-presidenta da Federação Nacional de Automobilismo, Selma Moraes, que sempre contou com o apoio da Superintendência dos Desportos do Estado da Bahia (Sudesb), autarquia da Secretaria do Trabalho, Emprego, Renda e Esporte, pasta na qual eu estava ocupando o cargo de secretária.

Em determinado momento, uma senhora veio na minha direção como se fosse me cumprimentar, enquanto a amiga dela filmava a situação. De repente, ela apertou fortemente a minha mão, ignorando meus apelos para que soltasse, e disse que eu não deveria estar no Hotel Catussaba. Gritava repetidas vezes que eu deveria voltar para a favela, pois lá seria o lugar de gente como eu. Eu reagi, perguntando por que ela achava que a favela seria o meu lugar, se era porque sou negra. E ela absurdamente confirmou e me chamou de favelada. Em seguida afirmou, em tom de acusação, que eu era comunista.

Eu saí transtornada do evento e registrei uma queixa de crime de injúria racial contra elas. Os policiais foram ao local e levaram as agressoras para a delegacia, onde ficaram detidas. O mais triste é que elas não eram brancas. Eram mulheres negras reproduzindo o racismo contra mim. Elas faziam parte de um movimento de extrema direita, defensoras de uma intervenção militar no Brasil. Aquilo já era um sintoma da ideologia do ódio, que depois se espalhou pelo país, resultando na vitória de Bolsonaro. E é impressionante como no bolsonarismo algumas pessoas negras foram posicionadas politicamente para servir de maneira contraditória à propagação da ideologia racista antinegro e indígena, que o nefasto projeto do presidente da República representa. Figuras como o deputado federal Hélio Negão, o presidente da Fundação Cultural Palmares, Sérgio Camargo, e o vereador paulistano Fernando Holiday, entre outros, prestam um desserviço à luta pela eliminação do racismo.

A justiça baiana condenou Neilda Girordelli a 2 anos e 7 meses de reclusão por injúria racial. Houve um acordo, e a sentença foi convertida em pena de restrição de direito. A juíza decidiu que ela faria prestação de serviços à comunidade, preferencialmente à população afrodescendente, com limitações de liberdade durante os finais de semana. A outra envolvida no caso, a senhora Eutália Moraes de Araújo, a amiga de Neilda, que não chegou a ser indiciada, aceitou a proposta apresentada pelo Ministério Público (MP-BA), e passou a conceder mensalmente uma cesta de alimentos a uma instituição de caridade, obtendo a suspensão da condicional por dois anos, já que ela cumpriu o acordo.

A dor da humilhação racista e de todo o caminho que temos que percorrer na luta por justiça não se apaga. Mas é fundamental que o Judiciário dê respostas que operam como lições pedagógicas para que tais fatos não continuem acontecendo impunemente.

O racismo no Brasil sempre foi tolerado e romantizado, como uma ação de baixo potencial ofensivo; e a miscigenação, encarada como uma ferramenta diluidora de conflitos, na sustentação do excludente projeto de nação. É a luta incessante do movimento negro que tem rasgado o véu da cordialidade, exposto a dureza do racismo estrutural e os prejuízos impostos por esse sistema nas nossas vidas negras e indígenas.

O preconceito, o racismo, a discriminação racial são construções políticas, de impacto socioeconômico e cultural. Não se supera através da mestiçagem produzida nas trevas da escravidão ou num embaraço de pernas entre lençóis no Brasil contemporâneo. A desconstrução do racismo é uma via de mão dupla. Como afirma Bell Hooks:

> O reconhecimento mútuo do racismo, seu impacto nos dois, em quem é dominado e em quem domina, é o único ponto que torna possível um encontro entre raças que não seja baseado em negação e fantasia. Porque é a sempre presente realidade da dominação racista, da supremacia branca, que transforma em algo problemático o desejo das pessoas brancas de ter contato com o outro.[26]

Certa vez, uma senhora chamada dona Sandra entrou no nosso gabinete e me pediu para atendê-la, em particular. Na época eu exercia o cargo de vereadora. Conduzi-a à minha sala, e ela então me solicitou um emprego para o seu filho, na empresa de limpeza urbana. Com os olhos cheios de entusiasmo dona Sandra, mulher negra retinta, com o rosto marcado pelo tempo e pela dureza da vida, me confidenciou que seu maior sonho seria ver seu filho usando a farda da Vega Engenharia Ambiental S.A., saindo para limpar as ruas com sua carteira assinada.

Vale ressaltar que as equipes da referida empresa são compostas na sua quase totalidade por pessoas negras. Estas recolhem com suas próprias mãos o lixo produzido pela população. Um trabalho de extrema importância para a saúde pública, porém completamente

---

[26] HOOKS, Bell. *Olhares Negros:* raça e representação. São Paulo: Ed. Elefante, 2019. p. 198.

desvalorizado, de baixo prestígio social, carregado de estigmas, estafante, insalubre. E, embora o código de trânsito impeça que as pessoas sejam transportadas sem o uso do cinto de segurança, nos carros, os trabalhadores de limpeza pública, homens (popularmente conhecidos como garis), fazem o trajeto pendurados na parte traseira dos caminhões, respirando o mal cheiro que exala do lixo recolhido, e correndo o risco de se acidentar. Um espetáculo cotidiano de precarização das vidas negras.

Dona Sandra era uma trabalhadora doméstica com um enorme fardo familiar para carregar. A vida não lhe dera nada, e ela esperava da vida ao menos um uniforme e uma carteira assinada, para um dos seus cinco filhos. Questionei sobre a escola, os estudos do rapaz. Ela me disse que ele abandonou o ensino regular por precisar trabalhar.

Conversamos longamente, e a ajudei no que foi possível naquele momento, pois a vaga de emprego que ela sonhara não se realizou. Quando aquela senhora se foi, fiquei a pensar sobre como são curtos os horizontes de uma enorme parcela do nosso povo, esmagado pelo sistema. O preconceito, o racismo e a discriminação racial associados à brutal desigualdade de classe roubam os sonhos e encurtam as perspectivas da ampla maioria da população negra.

A mobilidade socioeconômica e política é fundamental para ampliar as perspectivas das pessoas marcadas pelo racismo, sobretudo das mulheres pretas.

O Brasil ocupa a vergonhosa 134ª posição no ranking de 193 países analisados no quesito representação feminina no Parlamento, segundo informação do Mapa das Mulheres na Política de 2019, publicado pelas Nações Unidas em parceria com a União Interparlamentar. Enquanto a média entre os países é de ocupação de 20% dos cargos eletivos de representação parlamentar por mulheres, o que já é pouco, aqui nas terras brasilis cai para 15%[27].

Neste contexto de baixa representação de gênero, o racismo agrava a situação, performando um quadro de exclusão política de mulheres negras e indígenas decididamente inaceitável, sobretudo se estamos num país onde a população feminina corresponde a 51%, e a parcela autodeclarada negra, 53,6%, segundo dados do IBGE/2015. A sub-representação dessas mulheres é espantosa e constrangedora para os olhares que o racismo não conseguiu anestesiar. E, considerando que a discriminação racial nessas terras se baseia fundamentalmente no fenótipo, quanto mais retinta for a cor da pele, as pessoas negras são mais expostas e submetidas aos processos de exclusão, negação e invisibilidade, enfrentando barreiras quase intransponíveis no acesso ao poder.

Dados do IBGE dão conta de que, nas eleições do ano de 2018, apenas 24,4% do parlamento brasileiro era composto de pessoas autodeclaradas pretas ou pardas. Ressalto, ainda, que quando observamos as imagens das parlamentares, percebemos que muitas das que se declaram pardas são socialmente vistas e tratadas como pessoas brancas, e até se comportam como tal. Nesta legislatura, as mulheres que se identificam como pretas ou pardas fenotipicamente constituem 2,36% das parlamentares, o que equivale a somente 13 mandatos, entre os 513 deputados e deputadas federais. No Senado, dos 81 mandatos temos 12 mulheres senadoras. A única autode-

---

[27] HAJE, Lara. Baixa representatividade de brasileiras na política se reflete na Câmara. *Site da Câmara dos Deputados*. 29 de março de 2019. Disponível em:< https://www.camara.leg.br/noticias/554554-baixa-representatividade-de-brasileiras--na-politica-se-reflete-na-camara/>. Acesso em: 5 nov. 2021.

clarada parda é a senadora Elisiane Gama, do partido Cidadania (MA)[28]. Preta, nenhuma.

Desse modo, estes números evidenciam a sub-representação de lideranças femininas na política, que leva à ausência ou à redução dos debates e deliberações sobre as pautas sociais que dizem respeito à mudança das condições de vida da população negra no país. Vale destacar que, nas eleições de 2018, é na região Nordeste, no Rio Grande do Norte, que se elege a única mulher governadora que se autodeclara negra e lésbica, a petista Fátima Bezerra. Fátima tornou pública a sua orientação sexual, chegando a declarar que "na sua vida pública ou privada nunca existiram armários".

Além de minoritária, falta à bancada de parlamentares negros e negras uma consciência mais coletiva sobre o racismo e seus impactos na representação étnico-racial no Congresso Nacional e no Poder Executivo. O próprio cenário de ataques às pautas antirracistas e a eleição de mandatos mais conservadores e reacionários, desde a ascensão do presidente Jair Bolsonaro, dificultam ainda mais a articulação de uma espécie de frente negra, que reúna parlamentares que passaram no crivo, de diferentes forças políticas, em uma aliança tática em torno de projetos e ações antirracistas, a ponto de nos levar a crescer em quantidade e qualidade nos espaços de representação eletiva.

Assim como as políticas de ação afirmativa modificaram a estética e o perfil social das universidades, é preciso mecanismos que interfiram e transformem a paisagem do poder político. E, mais do que mudanças estéticas, é fundamental avançarmos, através da

---

[28] OLIVEIRA, Mayara. Parlamentares pretas ou pardas são apenas 2,36% do Congresso. *Metrópoles*. 10 de dezembro de 2019. Disponível em: <https://www.metropoles.com/brasil/politica-brasil/parlamentares-pretas-ou-pardas-sao-apenas-236-do-congresso>. Acesso em: 05 nov. 2021.

luta dos movimentos sociais, para a reestruturação da sociedade brasileira, algo que só um processo revolucionário e consciente poderia proporcionar.

O Brasil atual permanece escancarando o quanto a geografia do poder é planilhada pelo patriarcado, pelas desigualdades de classe social e pelo racismo estrutural. A hegemonia masculina, branca e heteronormativa inviabiliza historicamente a projeção das mulheres em equilíbrio com os homens. Trata-se, ainda, de um sistema de poder que cria impedimentos à atuação política de pessoas não brancas, sobretudo negras, povos originários e pessoas LGBTQIAP+ nos processos de decisão em fóruns diretivos da sociedade.

No nosso país, as hierarquias étnico-raciais, de gênero, classe, geração e orientação sexual, entre outras dimensões têm se perpetuado e se naturalizado nos costumes e vivências individuais e coletivas. E nas esferas mais destacadas de poder, as barreiras são ainda mais difíceis de serem transpostas.

Ainda assim, a luta pelo empoderamento feminino ampliou seus frutos neste século XXI. E as mulheres negras, que no passado resistiram aos açoites e máscaras de flandres, a exemplo da lendária escrava Anastácia, hoje botam a boca no mundo, projetam suas vozes insurgentes, defendem a integridade de seus corpos e de seus projetos de vida, exercendo protagonismo frente ao futuro e proclamando firmemente: "nada sobre nós, sem nós".

Historicamente, a desigualdade é monumental, mas a força dessas mulheres, em redes de ativismo, muitas vezes remove montanhas no Brasil e no mundo. Certamente, a inspiradora queniana Wangari Muta Maathai não imaginava que seu movimento de reflorestamento em sua comunidade, no Quênia, pudesse chegar a 50 milhões de árvores, cooperando para a melhoria das condições socioambientais em seu país, e que atraísse para ela os olhos do mundo, tornando-a vencedora do Prêmio Nobel da Paz, em 2004, pela sua contribuição para o desenvolvimento sustentável, a democracia e a paz.

Temos várias outras mulheres inspiradoras, em meio a tanta desigualdade. A escritora e doutora em literatura comparada Conceição Evaristo, que também é mestra em Literatura Brasileira e tem seus contos traduzidos em diversos países, com suas "escrevivências" inquietantes, cruzou fronteiras geracionais, raciais e de gênero e arrombou as portas da literatura nacional, deslocando os estereótipos etaristas, racistas e sexistas da sua capacidade produtiva. Os excluídos, os marginalizados e as mulheres negras povoam suas obras, a exemplo dos livros *Ponciá Vicêncio, Insubmissas Lágrimas de Mulheres e Olhos d'Água* – este último perseguido pelo bolsonarismo, que tenta deter as pautas sociais, raciais, de gênero e orientação sexual nas salas de aula.

Em 2019, do alto dos seus 74 anos, Conceição Evaristo foi laureada com o Prêmio Jabuti de Personalidade Literária do ano. Longe da lógica neoliberal da vitória pessoal, o reconhecimento da sua trajetória conta sobre lutas e caminhos históricos que as mulheres negras têm construído, sob o chão árido da exclusão sociorracial.

Epsy Campbell, ativista, feminista e antirracista, tem sua trajetória política amparada na luta por direitos das mulheres negras, sendo uma das organizadoras da Rede Latino-americana e Caribenha de Mulheres Negras no continente, e também uma das principais fundadoras do partido Ação Cidadã (PAC), com o objetivo de concorrer a posições de poder na sociedade. Disputou as prévias presidenciais, e perdeu; candidatou-se a deputada nacional, venceu, exercendo o mandato no período de 2002 a 2006.

Em 2018, Epsy, que já havia disputado eleições presidenciais por duas vezes, compôs a vitoriosa chapa encabeçada por Carlos Alvarado Quesada e tornou-se vice-presidenta da Costa Rica, entrando para a história como a primeira mulher negra a alcançar tal posto em um país da América Latina. Com a sua posse, entraram na pauta política do país as questões relativas às desigualdades de gênero e raça, até então, às margens do poder.

Vistas na sociedade brasileira como anti-heroínas, aquelas sobre as quais não se imagina recaírem tarefas jurídicas, de representação legislativa, tampouco governamental, as mulheres negras se deslocam em rede ou individualmente para romper estereótipos e conquistar seu espaço, seja na política, na academia, na ciência, no mundo jurídico ou em qualquer outra área. Os muros são altos e quase sempre inviabilizam a caminhada, mas a resiliência é a força que guia nossos passos, que vêm de muito longe, descortinando um horizonte de equidade de gênero e raça e de justiça social.

Desse modo, observa-se que a luta nacional se insere em um secular contexto mundial de resistência feminista. E vale resgatar a reflexão de Simone de Beauvoir referindo-se ao machismo impregnado na cultura ocidental:

> Tudo contribui para confirmar essa hierarquia aos olhos da menina. Sua cultura histórica, literária, as canções, as lendas com que a embalam são uma exaltação do homem. [...] A literatura infantil, a mitologia, contos, narrativas refletem os mitos criados pelo orgulho e os desejos dos homens. [...] A superioridade masculina é esmagadora: Perseu, Hércules, Davi, Aquiles, Lancelot, Duguesclin, Bayard, Napoleão, quantos homens para uma Joana Darc.[29]

---

[29] BEAUVOIR, Simone de. *O Segundo Sexo*. Rio de Janeiro: Nova Fronteira, 2009. p. 385.

Decididamente, ainda hoje, embora novas narrativas surjam contrariando tal amarra cultural, a história predominantemente é relatada pela lente do heroísmo dos homens, invisibilizando e apagando os feitos das mulheres que conseguiram romper as barreiras de dominação e ocuparam seu lugar nas decisões sobre os destinos das sociedades. Entretanto, embora a presença das mulheres nas estruturas de poder seja minoritária em quase todos os países, ela existe e deve ser projetada como referência para as gerações subsequentes. Pois, são as experiências individuais e coletivas que forjam as subjetividades e impactam nas escolhas das pessoas sobre quem pode ou não liderar ou representar uma localidade, uma cidade, um estado, uma nação.

A luta pela emancipação de gênero e étnico-racial, portanto, fica ainda mais desafiadora em sociedades onde houve colonialismo e escravidão, a exemplo do Brasil. Não só a divisão de classe ou o patriarcado operam no desenho do poder, mas o racismo estrutural também organiza a mobilidade socioeconômica e a ocupação dos espaços de representação política, obstaculizando a ascensão de pessoas negras e indígenas, sobretudo de mulheres. Reconhecer tal fato é parte do caminho para a transformação do nosso país.

A CULTURA DA NEGAÇÃO DE IDENTIDADES E O PAPEL DAS LEIS Nº 10639 E Nº 11645 NA CONTRACULTURA DE AFIRMAÇÃO

No Brasil, a construção da identidade nacional se fez amalgamando o machismo e o racismo estruturais, forjando a exclusão de gênero e étnico-racial, na formação das classes sociais, e movendo as escolhas populares no universo dos afetos, dos desejos e na definição do poder político.

O feminismo negro, hoje, é uma força que forma opinião, seja nas redes sociais, nos movimentos sociais antirracista, feminista, sindical, e com sua pauta de direitos busca representação política no chamado Estado democrático, procurando desconstruir os estereótipos que foram se cristalizando ao longo da história e se inserir nas instâncias de representação enquanto sujeito, sem tutela.

Mas como candidatas negras podem se viabilizar eleitoralmente? Como enfrentar os estereótipos desqualificantes da imagem feminina e negra que habitam o imaginário coletivo? Quais os mecanismos que podem ser usados no sentido de romper as barreiras culturais e educacionais de subestimação da capacidade política das lideranças negras? São algumas das questões que povoam o imaginário de quem quer romper as tradicionais edificações do poder nos processos eleitorais.

Vale lembrar de uma das mais importantes narrativas sobre a identidade nacional, a obra *Casa-Grande e Senzala*, de Gilberto Freyre, publicada em 1933, que se tornou, permanecendo durante décadas, a maior referência para a formação do pensamento da sociedade brasileira sobre as relações raciais. As elites intelectuais nela se apoiaram, e continuam se apoiando, para sustentar a tese da suposta democracia racial, escamoteando o "racismo estrutural". Com sua abordagem prenhe de romantismo sobre a opressão patriarcal e racista no Brasil escravista, Freyre discorre sobre a miscigenação e as preferências dos portugueses em relação às mulheres. Ele sinaliza, como se referindo a uma prateleira de exposição de fêmeas, a idealização europeia pelo padrão estético branco. Quando se dirige às mulheres negras, o autor enfatiza o papel sexualizado delas:

> Pode-se, entretanto, afirmar que a mulher morena tem sido a prefe-

rida dos portugueses para o amor, pelo menos para o amor físico. A moda de mulher loura, limitada às classes altas, terá sido antes a repercussão de influências exteriores do que a expressão do genuíno gosto nacional. Com relação ao Brasil, que o diga o dito "branca pra casar, mulata pra f..., negra pra trabalhar", ditado em que se sente, ao lado da superioridade da mulher branca e da inferioridade da preta, a preferência sexual pela mulata. Aliás o nosso lirismo amoroso não revela outra tendência senão a glorificação da mulata, da cabocla, da morena celebrada pela beleza dos seus olhos, pela alvura dos seus dentes, pelos seus dengues, quindins e embelegos muito mais que as "virgens pálidas" e as "louras donzelas". Estas surgem em um ou em outro soneto, em uma ou em outra modinha dos séculos XVI ou XIX. Mas sem o relevo das outras.[30]

Esta narrativa virilizante, carregada de estereótipos sexistas e racistas, fixa as mulheres, hierarquicamente dispostas, em um lugar social de subalternidade frente ao domínio de uma masculinidade heteronormativa e tóxica. Sem dúvida, a leitura de Freyre retrata os valores da época, mas também se configura em um suporte para uma lógica de tolerância para as diversas formas de violência que caracterizaram a escravidão e o pós escravismo.

Nota-se, ainda, a desqualificação total das mulheres negras retintas, que não seriam desejáveis nem para o sexo, tampouco para o amor e seu ideário romântico para o matrimônio, inimaginável, portanto, para o poder. Observa-se que, nesta seleção sexista e racista, as mulheres brancas, principalmente louras, estavam reservadas à alta classe, destacadas como uma espécie de artigo de luxo. Teriam elas como destino o casamento, estatuto que legitima a constituição da família na sociedade cristã, da moral conservadora e dos ditos bons costumes. Caberia, assim, às chamadas mulatas – negras me-

---

[30] FREYRE, Gilberto. *Casa-Grande e Senzala*. São Paulo: Global Editora, 2006. p. 71-72.

nos retintas ou de pele mais clara –, a realização das lascívias, das fantasias sexuais daqueles invasores de terras e corpos.

E é na obra de Monteiro Lobato, já no tempo da República, que vamos encontrar a sistematização do estereótipo sobre a imagem das mulheres pretas associado estritamente ao trabalho braçal. Trata-se da personagem Tia Anastácia, a cozinheira que o Brasil inteiro conheceu no *Sítio do Picapau Amarelo*, um clássico da literatura infantil, criado pelo citado escritor, na primeira metade do século XX.

O *Sítio do Pica-Pau Amarelo* é livro e série de televisão que muito colaborou com a modelagem do imaginário de muitas gerações sobre o ideal étnico do povo brasileiro, quando a escravidão já tinha sido extinta. Tia Anastácia, uma mulher idosa, sem vida própria, sem jornada de trabalho definida, sem família, vivia no sítio como uma serva na casa de Dona Benta e seus netos; a arte espelhando a vida. Numa entrevista dada ao jornalista Silveira Peixoto, em 1943, Lobato declarara com orgulho quem lhe serviu de inspiração: "Tive em casa uma Anastácia, ama do meu filho Edgard. Uma preta alta, muito boa, muito resmunguenta, hábil quituteira... Tal qual a Anastácia ou Tia Nastácia dos livros"[31].

Tal fato da nossa história inspirou o mais famoso poema de resistência do grupo popular de Salvador Sarau da Onça. De autoria de Giovane Lima da Silva, "A revolta de tia Anastácia" é uma crítica ao fato de Dona Benta, a senhora proprietária do Sítio do Picapau Amarelo, dar nome a marca de farinha de trigo mais conhecida do país, na atualidade, enquanto todos sabem que as delícias degustadas

---

[31] LOBATO, Monteiro. *Prefácios e entrevistas*. São Paulo: Globo, 2009. p. 160.

pelos personagens da narrativa eram feitas pelas mãos da cozinheira Tia Anastácia. Sua força de trabalho produzia as guloseimas, inclusive os famosos "bolinhos de chuva", que toda criança tinha vontade de comer quando via as tigelas cheias sendo servidas na TV ou nas gravuras dos livros infantis, sob os efusivos elogios dos netos de Dona Benta na história. Só o racismo explica o porquê de, na oportunidade de homenagear a negra Anastácia, a indústria de alimentos a ter substituído pelo nome e pela imagem branca de Dona Benta.

O poeta, popularmente conhecido como Giovane Sobrevivente, trabalhava no Moinho Salvador, onde a fábrica J. Macêdo produzia a polêmica farinha de trigo. De lá ele bradou: "Tia Anastácia está revoltada! Ela faz os bolinhos e Dona Benta é quem leva a fama. Farinha de trigo deveria se chamar Tia Anastácia!"[32].

Tanto Freyre quanto Lobato trabalharam com ideários, construídos tanto durante o escravismo quanto no pós-abolição, que estratificam e desvalorizam corpos e identidades femininas negras. Cozinhar, lavar trouxas de roupas, carregar latas d'água na cabeça ou feixes de lenha, limpar os velhos sobrados, sítios, fazendas, apartamentos e mansões, no passado ou no presente, é o máximo que sempre se esperou das meninas e mulheres pretas. Segurar canetas ou ter sua assinatura digitalizada para tomada de decisões sobre os destinos da sociedade, não! Isto representa poder, e mulheres negras exercendo poder foi não só impensável como irrealizável por longos séculos. A presença de mulheres negras nas arenas políticas é, portanto, uma forma de lutar contra a reiteração desse padrão de negação do nosso papel de liderança.

---

[32] MENEZES, Jamile. Giovane Sobrevivente – "A poesia tem que chegar antes da bala". *Soteropreta*. 17 de outubro de 2016. Disponível em: <https://portalsoteropreta.com.br/giovane-sobrevivente-poesia-tem-que-chegar-antes-da-bala/>. Acesso em: 26 dez. 2021.

Pessoas negras são alvos de diversos estereótipos e estigmas que se consolidam através dos costumes, da cultura, potencializados pela indústria cultural. O Brasil é, por exemplo, um dos países que mais assistem TV no mundo. E as novelas brasileiras são uma espécie de paixão nacional, além de serem as mais vendidas para exportação. Um nicho espetacular de formação de opinião, de transmissão e massificação dos valores da classe dominante, vorazmente consumidos pela ampla maioria acrítica de telespectadoras/es.

As novelas de época, por exemplo, em que atrizes e atores, negras e negros, só desempenhavam papéis de escravizados, à mercê da tirania de senhores e senhoras ou dependentes da compaixão de abolicionistas brancos, sempre inundaram a televisão brasileira, como *Éramos Seis, Escrava Isaura, Sinhá Moça*, entre outras. A negra e o negro ocupando senzalas e o trabalho nas lavouras ou doméstico na casa-grande obviamente não estimulam a condição de sujeitos políticos de transformação. Quase não havia produções televisivas e cinematográficas sobre E a produção existente não contava com distribuição e projeção em alta escala que as histórias de quilombos e rebeliões negras e indígenas.

Mas os movimentos negro, feminista e LGBTQIAP+ avançam na contestação dessa estrutura e na criação de uma realidade nova, sobretudo na literatura e na ocupação da internet e suas redes sociais. Assim, a produção de conteúdos literários e digitais de denúncia e de projeção do que se quer em termos de sociedade estética e culturalmente inclusiva tem repercutido nas telas da TV, do cinema e nas plataformas de *streaming*. Aos poucos, estamos vendo mais jornalistas negras e negros e os temas do antirracismo, do feminismo e da liberdade de orientação sexual sendo abordados em programas televisivos, em canais abertos ou para assinantes.

O documentário *AmarElo – É tudo pra ontem*, do rapper Emicida, trouxe o sucesso do álbum de mesmo título, que ganhou o Grammy Latino de melhor disco de rock ou música alternativa em língua portuguesa, em 2019, para as telas. O filme lançado na Netflix, plataforma de *streaming on demand* – tecnologia que nos permite acessar conteúdos na internet sem precisar baixar –, resgata parte importante da história do movimento negro brasileiro, de maneira corajosa e bela. Em *AmarElo*, valoriza-se a velha guarda das escolas de samba, as mulheres e as experiências atuais de luta e resistência. Feito por nós e conosco.

Já o filme *Medida Provisória*, que revelou Lázaro Ramos como um diretor, que já nasce grandioso para tal posição, expôs um Brasil não tão distópico, como pode parecer aos olhos de quem não conhece a realidade brasileira, e que confunde miscigenação com democracia racial. Uma obra corajosa, que rasga o tumor e expõe a fantasia racista que sempre marcou o imaginário social brasileiro. O estado cotidiano de negação do Brasil negro, exclusão e morte, o ideário de branqueamento da nação sustentado historicamente pelas elites, é escancarado na trama interpretada por um excelente elenco, quase todo preto, que tem Taís Araújo, Alfred Enoch e Seu Jorge como protagonistas. Tudo se desenvolve em torno da decisão do governo de repatriar para países africanos toda a população negra, na tentativa de se fazer, finalmente, uma nação branca.

Tal produção contrasta com um passado anacrônico das mulatas de Sargentelli[33], dos anos 1970, até a recente exibição da globeleza,

---

[33] Mulheres negras, de tom de pele não retinta, com corpos dentro do padrão hegemônico de beleza, que faziam parte

em vinhetas do carnaval, em que o papel da mulher negra na TV foi marcado pelas digitais do escravismo e pela objetificação sexual.

E é no trabalho de Joel Zito Araújo que se contesta com dados e fatos o racismo na indústria televisiva. Em sua acurada pesquisa apresentada em "A Negação do Brasil", ele aborda a utilização da imagem das pessoas negras e pardas nas novelas. Joel Zito nos alerta sobre a repetida posição de subalternidade, servil, estereotipada e marginalizada da população negra, afirmando que:

> A telenovela, assim, ao não dar visibilidade à verdadeira composição racial do país, compactua conservadoramente com o uso da mestiçagem como escudo para evitar o reconhecimento da importância da população negra na história e na vida cultural brasileira. Pactua com um imaginário de servidão e de inferioridade do negro na sociedade brasileira, participando assim de um massacre contra aquilo que deveria ser visto como o nosso maior patrimônio cultural diante de um mundo dividido por sectarismos e guerras étnicas e religiosas, o orgulho de nossa multirracialidade.[34]

Algo parecia mudar, quando na novela *Viver a Vida*, Taís Araújo interpretou uma das Helenas, do autor Manuel Carlos. Finalmente, teríamos uma atriz negra, humanamente retratada, protagonizando uma novela das 20h. Mas, ao longo da trama, a personagem foi sendo esvaziada e deslocada para um lugar de coadjuvante, enquanto mais uma vez, uma atriz branca, Alinne Moraes, foi ganhando maior relevância e ocupando o protagonismo na

---

de shows para turistas, organizados pelo empresário Osvaldo Sargentelli, que também era radialista e apresentador de televisão. A pesquisadora Sonia Gaconine fez um estudo sobre essas dançarinas, identificando que eram escolhidas a dedo por características tidas como de agrado dos homens estrangeiros, que passavam por escola, conhecida como "escola das mulatas do Sargenteli", para "aprenderem" como lidar com os turistas, controlando o erotismo e assim não causarem problemas com as esposas dos turistas.

[34] ARAÚJO, Joel Zito. O negro na telenovela, um caso exemplar da decadência do mito da democracia racial brasileira. *Revista Estudos Feministas*, Florianópolis, v. 16, n. 3, set./dez. 2008. p. 982. Disponível em: <https://www.scielo.br/j/ref/a/9ZGKYRnVx8rmgZDYs6NBrVv/?format=pdf&lang=pt>. Acesso em: 09 jan. 2022.

telenovela. E mais, foi chocante ver a cena de Helena (Taís Araújo) ajoelhada aos pés de Tereza (Lilia Cabral), num barroco e suplicante pedido de desculpas, e recebendo em troca uma bofetada na cara.

A cena foi ao ar no dia 16 de novembro de 2009, em plena Semana Nacional da Consciência Negra, disparando vários gatilhos emocionais e gerando grande constrangimento, em milhões de brasileiras e brasileiros negros. A verticalização do poder branco expresso na cena entre aquelas duas mulheres estilhaçava qualquer ideia vã de democracia racial e revelava o quanto o açoite ainda é a regra, mesmo que em uma face adornada por bela make e atingida por finas mãos tratadas em salão.

Falando da indústria cultural na disseminação de estereótipos racistas e sexistas, o carnaval, a festa mais popular do país, embora tenha desde a sua origem uma invenção dos pretos com suas troças e embaixadas africanas e batuques, também sempre foi o palco onde desaguam as contradições sociais, em que tudo vale, a pretexto do divertimento, inclusive o racismo recreativo, a gordofobia, a depreciação das mulheres, das deficiências físicas, das trans. As mulheres negras comumente são alvos fáceis, servem de inspiração para o riso em composições que potencializam estereótipos desqualificantes e estigmatizantes, desde as primeiras décadas do século XX até os tempos atuais.

"O teu cabelo não nega mulata porque és mulata na cor. Mas como a cor não pega mulata, mulata eu quero teu amor." A marchinha de carnaval intitulada "Mulata", composição de Lamartine Babo e os Irmãos Valença, lançada em 1929, é reveladora do racismo cru, naturalizado, que sempre embalou o imaginário brasileiro. Seguindo o mesmo diapasão, a música "Fricote", de duplo sentido: "Nega do cabelo duro, que não gosta de pentear, quando passa na Baixa do tubo, o negão começa a gritar, pega ela aí. Pra que? Pra passar batom. De que cor? De violeta, na boca e na bochecha", composição de Paulinho Camafeu e Luiz Caldas, fez enorme sucesso, na Bahia e no Brasil, quando lançada em 1985 e é até hoje considerada um clássico da axé *music*.

Eu sempre me senti degradada ao ouvi-la, embora gostasse de outras canções do artista Luiz Caldas. Quando o movimento negro protestou contra o teor ofensivo, racista e sexista da letra, muitos alegavam que Camafeu, um dos compositores, era um homem negro, e que Caldas branco não era, pretendendo assim silenciar a polêmica.

Inicialmente, ficou a versão de que tudo não passava de uma brincadeira, frente a um mal-humorado movimento negro, que vê racismo em tudo. Mas, hoje, fruto da persistente reação do movimento antirracista e feminista, o próprio artista reconhece e faz autocrítica sobre sua composição nas várias entrevistas em que trata do assunto. A imagem da "nega maluca" como fantasia carnavalesca, e até de animação de festas infantis, perdura até hoje como uma caricatura racista que perpetua estereótipos de mulheres negras associadas à insanidade mental, à loucura, e fealdade que assusta, amedronta e desumaniza.

Aqui se encaixa muito bem a análise trazida pelo escritor Adilson Moreira, ao tratar dos estereótipos raciais. Segundo ele,

> Estigmas são criados e disseminados a partir de relações de poder, devemos identificar seus mecanismos de atuação. Primeiro, estigmas operam como elementos que limitam o acesso a oportunidades sociais, servindo como ponto de partida para atos discriminatórios

em diversas esferas da vida dos grupos afetados. Eles motivam o comportamento de agentes públicos e privados, pois moldam a percepção sobre o valor social das pessoas e acaba por confirmar a percepção social depreciativa sobre os grupos estigmatizados. Assim, as expectativas sobre os grupos são confirmadas, o que gera mais exclusão dos grupos estigmatizados. Terceiro, grupos minoritários [conceito de minorias sociais no acesso a direitos, pois negras e negros são maioria populacional] também internalizam esses estigmas e passam a perceber a si mesmos e também aos membros do próprio grupo a partir deles. Assim, eles se comportam de maneira a confirmar as expectativas sociais sobre eles. Quarto, representações negativas geram uma ameaça à identidade de minorias, o que provoca situações constantes de estresse emocional nas pessoas que são estigmatizadas.[35]

Estigmas sobre raça/cor conjugados a gênero desencadeiam um sentimento de solidão, o qual é um tema de várias reflexões de autoras do feminismo negro, alimentando o sentimento de baixa autoestima e de autodepreciação.

Assim, enquanto as mulheres brancas são exaltadas pela beleza, reconhecida no padrão hegemônico, as desejadas afetivamente, aquelas a quem o paternalismo religioso concede a fragilidade angelical, a representação plástica da madona, a virgem, a mãe, a divina, a princesa, entre outros atributos machistas e de influência judaico-cristã; a mulher negra tem sua imagem bombardeada, associada à feiura, à tribufu, sendo reproduzida como a louca, a serviçal, a agressiva, a rejeitada, a incompetente ou a hipersexualizada e desumanizada. Nem o estereótipo de docilidade sobre as mulheres brancas, de "bela, recatada e do lar" (lembram?), nem o de rudeza sobre as mulheres negras podem ser aceitos e naturalizados. Todos pavimentam caminhos da deslegitimação, seja de imagem

---

[35] MOREIRA, Adilson. *Racismo recreativo.* São Paulo: Pólen, 2019. p. 44.

ou de inteligências e potencialidades das mulheres, mantendo-as distantes da vida pública e do exercício do poder.

Muito se fala e se luta por empoderamento feminino e negro, em termos coletivos. E quando pensamos sobre relações de poder, eleições de pessoas negras, ocupação de cargos públicos na sociedade, temos que considerar o impacto que todos esses estereótipos trazem à imagem das pessoas negras, erigindo barreiras culturais, econômicas e políticas que prejudicam a nossa ascensão aos centros de decisão.

Uma transformação mais radical do imaginário coletivo diz respeito a uma mudança estrutural da sociedade. O capitalismo em si explora e estratifica pessoas em favor do capital, revelando-se incapaz de promover a inclusão mais ampla de todos nos benefícios que resultam do processo coletivo de trabalho e produção, tendo em vista o bem comum. Entretanto, mesmo nos marcos deste sistema, é preciso atuar nas contradições e forçar as mudanças de valores e abertura de oportunidades de mobilidade social e política para grupos alijados da democracia liberal. Isto não nega a luta de caráter revolucionário contra o sistema.

É tarefa indispensável travar a luta contra o ideário de marginalização da história dos povos negro e indígena na formação do Brasil. Temos, hoje, uma vasta literatura produzida por historiadoras/es comprometidas/os em abordar as relações interétnicas no nosso país, as particularidades do racismo à moda brasileira, que as faz ser diferentes da experiência nos EUA e na África do Sul, o resgate dos papéis decisivos da população negra, indígena, das mulheres e de outros grupos sociais para a construção do Brasil.

Desse modo, ressalta-se que é fundamental a defesa da implementação, em todas as escolas públicas e privadas, da Lei 10.639/03, que preconiza o ensino da "História Afro-brasileira e Africana" no currículo escolar, e da Lei 11.645/08, que inclui a temática "História e Cultura Afro-Brasileira e Indígena". Para que tal finalidade seja cumprida, ambas alteram a Lei 9.394/06, de Diretrizes e Bases da Educação Nacional. Pois, a escola é uma instituição estratégica para a conscientização das pessoas e para desenvolver o senso crítico sobre as desigualdades sociais, de gênero, étnico-raciais e outras opressões.

Mulheres, negros, povos originários, LGBTQIAP+ têm suas trajetórias de construção de cidadania, no cenário da democracia liberal vigente, marcadas por negações de direitos, quer seja juridicamente, quer seja por mecanismos coloniais perpetuados nos costumes, na cultura, socialmente reproduzidos, que provocam exclusões e silenciamentos, sendo vistos como inaptos a exercer posições de liderança na sociedade. De escravizadas/os a tuteladas/os, destinadas/os a servir como cabos eleitorais, recrutadas/os nas grandes hordas de desempregadas/os que, sem a cidadania consciente e crítica, oferecem seu precioso voto a preço vil. É a trágica contradição vivida pelo exército de pessoas tidas como descartáveis, manipulados a empoderar e legitimar aqueles que lhes oprimem.

Mas a resistência a esse quadro se ergue, de maneira crescente na sociedade brasileira. O enfrentamento aos estereótipos racistas, patriarcais, LGBTfóbicos, ao etarismo e a tantas opressões que estratificam os corpos e fixam lugares sociais está na ordem do dia. As lutas dos movimentos sociais antirracistas, feministas e LGBTQIAP+ vêm trazendo cada vez mais vozes insurgentes, que denunciam e também projetam novas perspectivas de socialização. Em especial, as mulheres negras têm se destacado em produções científicas, na literatura, ocupado espaços acadêmicos, na mídia, sobretudo nas mídias sociais e, embora ainda poucas, esbanjam talento e qualidade no desempenho de várias experiências de mandatos parlamentares e cargos executivos.

Patricia Hill Collins nos traz a seguinte questão apresentada pela abolicionista Maria W. Stewart, no ano de 1831, que serve para as mulheres negras em todas as Américas e de todas as sociedades de passado escravista e colonialista: "Até quando as nobres filhas da África serão forçadas a deixar que seu talento e seu pensamento sejam soterrados por montanhas de panelas e chaleiras de ferro?"[36]. E a resposta transformadora pode ser percebida em várias experiências de mulheres insurgentes até hoje. Quer seja na escrita de Carolina de Jesus, a favelada, catadora de lixo, que se tornou uma das maiores escritoras brasileiras, ou na jovem cientista Jaqueline Góes de Jesus, uma das pesquisadoras que sequenciou o genoma do vírus SARS-CoV-2, em apenas 48 horas, em meio à pandemia que abala a humanidade.

Nossas potencialidades espalhadas em milhões de pessoas precisam se reunir em um projeto forte e transformador. Por fim, podemos notar o quanto se faz relevante e urgente priorizarmos a presença de mulheres negras comprometidas com planos para mudanças sociais, em espaços de poder. É sobre transformações profundas que estamos tratando. É sobre remover as várias camadas do racismo estrutural que alicerçam a desigualdade no Brasil, desde que os portugueses converteram este território na terra brasilis.

---

[36] COLLINS, Patricia. *Pensamento Feminista Negro*. São Paulo: Ed. Boitempo, 2019. p. 29.

ALÉM DE PRETAS, FEMINISTAS NAS ELEIÇÕES MUNICIPAIS

O tal do empoderamento e a tal da representação política

A ode à representatividade e ao empoderamento, que tomou conta da internet, banaliza os sentidos desses conceitos. O que é representatividade, afinal? O que é empoderamento? A hashtag #representatividadeimporta é uma consigna comumente usada para criticar a ausência, inserir ou celebrar a chegada de pessoas negras a ambientes em que o racismo estrutural e o capitalismo consagram como de alto prestígio social, sobretudo os meios de comunicação. Mas, por exemplo, estampar a capa da revista *Forbes*, sem sequer ser um dos bilionários que figuram nela, ser destaque na revista *Vogue*, receber um convite para um baile Fasion, desfilar nas passarelas da moda, que antes eram inteiramente brancas, não é o tipo de representatividade que responde à nossa necessidade coletiva de romper com as estruturas de opressão.

Uma mulher negra milionária, uma vencedora de um reality show, provoca prazer e orgulho, em muitas de nós, pois é uma das nossas que atravessou a barreira socioeconômica. A mobilidade social de uma pessoa negra nos causa alegria e algum alívio por saber que ela é menos uma entre os milhões que compõem o exército empretecido dos pobres e miseráveis da nação. Mas isso não significa um empoderamento coletivo que contribua para toda uma raça aviltada secularmente. Pois, o combate ao racismo não pode se resumir a inclusões em um sistema que reproduz o racismo e dele se alimenta.

Portanto, não se deve confundir empoderamento com a mera ascensão de indivíduos negros ou negras aos espaços de poder vigentes, sem que haja a alteração substancial dessas estruturas. Empoderar para valer é conquistar as ferramentas necessárias para que possamos modificar o poder a partir de uma perspectiva política transformadora, libertadora e capaz de promover a justiça social não para alguns, mas para todas, todxs e todos.

A jornalista e doutora em Comunicação pela Universidade de São Paulo (USP) Rosane Borges nos oferece uma importante reflexão sobre esse tema:

> Acho que a representatividade é armadilha quando a reivindicamos, porque acredito que temos que reivindicar pelos sistemas midiáticos. Quando só reivindicamos estar neles, sem transformá-los, o que acontece? É preciso a gente estar no *Jornal Nacional* como apresentadoras? Sim, é preciso. Mas é preciso que, ao mesmo tempo, venha junto a transformação do próprio sistema. Do contrário, o que o sistema faz? "Olha, já tem uma apresentadora negra. Não é preciso mais mudar." Por isso precisamos transformar o que chamamos de jornalismo, o sistema de mídia, ainda que tenhamos que entrar nele como ele é. Então, o problema da armadilha da representatividade é que ela fica, às vezes, em uma reivindicação de só querer o acesso a esses sistemas e só querer estar ali sem querer mudar as estruturas. Precisamos reivindicar o acesso à nossa participação no mundo pela imagem, por outros registros; mas também precisamos transformar esses próprios regimes. É acesso e transformação, ao mesmo tempo! Do contrário fica uma pauta só capitalista e consumista de querer puramente participar.[37]

---

[37] RAMOS, Gislene. Mais do que Poder e Empoderamento, Mulheres Negras Buscam Autonomia – Fundação Tide Setubal entrevista Rosane Borges. *Fundação Tide Setubal*, 20 de julho de 2020. Disponível em: <https://fundacaotidesetubal.

A perspectiva de Borges é semelhante a que Bell Hooks expressa, com muita propriedade, em *Olhares Negros: raça e representação*. Nesse livro, a autora analisa obras cinematográficas, literárias, musicais, entre outros produtos culturais, focando em quem consome esses produtos, na pessoa espectadora, sobretudo as negras que têm suas imagens expostas a partir da abordagem da branquitude. Ela problematiza a visibilidade, a representação e a subjetividade das pessoas negras num universo social impactado pelo processo colonial e escravocrata, que durante séculos vingou não só em seu país, nos EUA, mas em todas as Américas. É uma obra disruptiva, que provoca reflexões sobre as formas e possibilidades de romper com a maneira como nos vemos e como somos vistas e vistos numa sociedade alicerçada no racismo estrutural.

A autora afirma que "a menos que transformemos as imagens da negritude, das pessoas negras, nossos modos de olhar e as formas como somos vistos, não poderemos fazer intervenções radicais fundamentais que alterem a nossa situação"[38]. Sendo assim, nossa luta por ocupação de espaços de poder de decisão, apesar dos limites impostos pelo capitalismo, colabora com a reeducação do olhar da sociedade sobre nós, sobre o que pode os nossos corpos e mentes negras, indígenas e de pessoas trans.

As múltiplas formas de preconceito e discriminação baseadas em gênero e raça, que nos fixam em determinados lugares sociais como cracas em rochas, neste oceano de desigualdades produzidas pelo capitalismo patriarcal e racista, só podem ser desmanteladas

---

org.br/mais-do-que-poder-ou-empoderamento-mulheres-negras-se-emancipam-e-buscam-autonomia-fundacao-tide--setubal-entrevista-rosane-borges/>. Acesso em: 5 jul. 2022.

[38] HOOKS, Bell. E-book. *Olhares Negros*: raça e representação. São Paulo: Elefante, 2019.

se, aos olhos do povo, também passarmos a ser vistas como pessoas que têm condições de exercer liderança.

É preciso quebrar a ideia de que o poder é inerente aos homens brancos ou às mulheres brancas. É necessário reconhecer a nossa inteligência e capacidade, transformando em força política a nossa presença quantitativa e dispersa na sociedade; bem como pensar e agir coletivamente contra as estruturas que nos sufocam e aprisionam as nossas potencialidades. Só assim, e lastreadas numa teoria radicalmente comprometida com a justiça social, o antirracismo e o feminismo emancipacionista, construiremos uma sociedade renovada.

Temos de sair da superficialidade do debate sobre representatividade e empoderamento, facilmente capturado pelo sistema capitalista, e avançarmos na construção de conteúdos e pautas que estabeleçam pontes com os reais anseios e necessidades do nosso povo excluído e que nos levem à participação política. Pois, é na política que tudo é definido. As leis, o orçamento, a segurança pública, o Sistema Único de Saúde (SUS), as vacinas, os investimentos na educação, os cortes nas verbas das universidades, as cotas, os processos de outorga das concessões de rádio e televisão, tudo é decidido na política, e é nela que precisamos irrevogavelmente estar.

Ter a caneta que assina as políticas públicas faz muita diferença naquilo que teremos acesso. Além disso, contribui para reeducar o imaginário coletivo, socializado pelo ideário de supremacia branca, que posiciona pessoas negras longe do poder, mescladas na grande massa oprimida, sem singularidade, com a consciência corrompida pela alienação, relegadas ao anonimato, curvadas pela subserviência frente à hegemônica representação de homens brancos nos diferentes poderes.

Mas há que se reconhecer que as lutas antirracista e feminista têm experimentado progressos. As eleições de 2020, afetadas pela maior crise sanitária deste século, a pandemia do coronavírus, entram para a história por compor a maior participação de pessoas negras, mulheres e indígenas nas disputas de prefeituras dos municípios brasileiros.

Justamente no ano em que a incerteza sobre a vida se tornou uma espécie de paranoia global, produzida pelo medo frente ao inimigo microscópico, porém letal. Dados divulgados pelo Tribunal Superior Eleitoral (TSE) revelaram um grande crescimento de candidaturas autodeclaradas negras para o Executivo e para as Câmaras de vereadores. Ao todo foram 276 mil postulantes, o que equivale a 49,95% do total de registros, superando assim o número de candidaturas brancas, que correspondeu a 48,4%. Ainda que perfazendo um total de apenas 0,4%, as candidaturas indígenas também tiveram uma ampliação de 25% em relação ao pleito de 2016[39].

Tal crescimento, porém, tem sido atribuído à mudança das regras eleitorais de distribuição de recursos para financiamento de campanha, que passaram a levar em conta o critério de promoção de gênero e raça. Entretanto, vale ressaltar que não só as pessoas fenotipicamente pretas, mas as socializadas como brancas, que antes rejeitavam suas origens africanas, passaram a se autodeclarar pardas, como forma de acessar os recursos financeiros para irrigar

---

[39] CHAGAS, Elisa. Candidaturas negras, femininas e indígenas aumentaram em 2022. *Senado Notícias*. 2020. Disponível em: <https://www12.senado.leg.br/noticias/materias/2020/10/14/candidaturas-negras-femininas-e-indigenas-aumentaram-em-2020>. Aceso em: 7 jan. 2022.

seus projetos eleitorais e também aplacar o clamor dos movimentos negros por candidaturas negras.

Nas capitais, tivemos 59 mulheres candidatas a prefeitas.[40] Entre elas, ativistas negras também despontaram. Em Salvador, por exemplo, a disputa eleitoral contou, pela primeira vez, com a participação de duas mulheres pretas: a minha candidatura, pelo PCdoB, e a da Major Denice, apresentada pelo governador Rui Costa, que venceu as prévias petistas, num processo em que uma outra mulher preta, a socióloga e feminista Vilma Reis, também foi um dos nomes concorrentes.

Nesse cenário, a capital baiana, reconhecida como a cidade mais negra fora da África, finalmente teve candidaturas fenotipicamente pretas, que atravessaram as cortinas da invisibilidade, postulando o comando do palácio Tomé de Souza. Por outro lado, a dispersão que houve de cinco nomes concorrentes dentro da própria base de apoio do governador Rui Costa – um deles o deputado federal Pastor Sargento Isidório, também negro, de posições polêmicas e até reacionárias em relação à pauta dos costumes e dos direitos das pessoas LGBTQIA+ – expôs um grau de fragmentação do nosso potencial eleitoral jamais visto. E não houve esforço algum dos principais líderes políticos no sentido de buscar coesionar o bloco de amplas forças como uma aposta para quebrar o jejum histórico que Salvador vive, sem nunca ter elegido uma prefeita ou um prefeito negro. Assim, a campanha foi marcada pela pulverização da nossa força e pelo baixo investimento financeiro, resultando em votações nominais muito aquém do que poderia ser,

---

[40] Idem.

se as esquerdas saíssem unidas ou menos fracionadas, conforme ocorreu em eleições anteriores.

Em Belo Horizonte, destacou-se a feminista, cientista política e deputada federal Áurea Carolina (PSOL), que fez uma bela e inovadora campanha para a prefeitura da capital mineira, embora não tenha sido eleita. Áurea foi a vereadora mais votada em 2016 e eleita deputada federal no pleito seguinte, após o êxito da Gabinetona, compartilhada com a também vereadora Cida Fallabela. Lamentavelmente, não vamos poder contar, em 2022, com a candidatura à reeleição dessa mulher negra, que tanto contribui para o reencantamento da população com a política. Em sua conta no Twitter, Áurea Carolina anunciou sua decisão: "Quero retomar a minha atuação na sociedade civil brasileira. Por isso, decidi não me candidatar a nenhum cargo em 2022. Cumprirei o mandato até o fim, com alegria política e a certeza de que mais de nós ocuparemos cada vez mais os espaços de poder".

Num dos trechos da mensagem, ela alega que sua motivação se deve ao fato de ter sofrido um colapso nervoso, fruto da sobrecarga de trabalho e de ter tido covid-19 no mesmo ano em que disputou a prefeitura de BH, enquanto esteve grávida. Cada uma sabe dos seus limites. Às vezes, é necessário, se recolher, curar as feridas para avançar com mais força e melhores condições de colaborar com o projeto político maior. No caso de Áurea, ela vai continuar atuando no movimento social, que precisa sempre de todas, sobretudo das mais atuantes filhas do povo.

No Rio de janeiro, a ex-senadora, ex-governadora e veterana deputada federal Benedita da Silva (PT) também foi cabeça de chapa. Seja em Salvador, em Belo Horizonte ou no Rio de Janeiro, as candidaturas de mulheres fenotipicamente negras atuaram preparando o solo árido para um dia florescerem vitórias. Cada uma, a sua maneira, provocou o debate, expondo em sua campanha o projeto que incorporava as dimensões das lutas antirracista, feminista e de defesa de cidades mais humanas e orientadas pelo propósito de promover a justiça social.

Mas prevaleceu o excludente filtro patriarcal e racista, que coloca o Brasil nos piores patamares em se tratando do acesso das Mulheres e negros às instâncias de poder, principalmente no poder executivo, cuja seletividade é ainda mais intensa. A única prefeita eleita no primeiro turno, nas capitais, foi Cinthia Ribeiro (PSDB), de Palmas. As cinco candidatas que chegaram ao segundo turno, quase todas brancas: Manuela D'Ávila (PCdoB), em Porto Alegre, Socorro Neri (PSB), em Rio Branco (AC), Marília Arraes (PSB), em Recife (PE), e Delegada Danielle (Cidadania), em Aracaju (SE)[41] – esta, autodeclarada parda – perderam para seus adversários.

O Brasil que torce e luta pela paridade de gênero também acompanhou o duelo entre Manuela D'Ávila e Sebastião Melo (MDB), em Porto Alegre (RS). Numa campanha carregada de ataques misóginos, de violência política, vimos a comunista, feminista e antirracista Manuela perder para o tradicionalismo virilizante e tosco representado por Melo. Contudo, o apoio de Manuela D'Ávila foi fundamental para a eleição de duas vereadoras negras em Porto Alegre, Bruna Rodrigues e Daiana Santos, ambas do PCdoB. Embora seja uma mulher branca, Manuela tem sido uma voz aliada à militância negra e antirracista que contribui com o debate

---

[41] CARVALHO, Igor; GIOVANAZ, Daniel. Mulheres: 59 disputaram capitais; uma venceu no primeiro turno e somente 5 avançaram. *Brasil de Fato*. 2020. Disponível em: <https://www.brasildefato.com.br/2020/11/16/mulheres-59--disputaram-as-capitais-uma-venceu-no-1-turno-e-somente-5-avancaram>. Acesso em: 7 jan. 2022.

e promoção de mudanças internas no Partido Comunista do Brasil, o que me faz resgatar mais uma vez o pensamento de Bell Hooks:

> [...] nós realmente precisamos estar dispostos a reconhecer que indivíduos com muitos privilégios, que não são injustiçados de modo algum, são capazes de trabalhar em favor dos oprimidos em favor de suas escolhas políticas. Tal solidariedade não precisa estar embasada na experiência compartilhada. Pode estar enraizada no entendimento ético e político do racismo e da rejeição à dominação de alguém.

Certamente, Manuela D'Ávila sofre outras formas de injustiça, a exemplo da discriminação de gênero e ataques misóginos que há muito ela vem sendo alvo. Entretanto, mesmo sendo uma mulher branca, compreendeu a importância de contribuir com o enfrentamento ao racismo. Nas eleições de 2022, ela abriu mão de ser candidata a Deputada Federal, mas usou sua popularidade para, novamente, ajudar a eleger nossas duas novas potências femininas, as Vereadoras Daiana dos Santos, eleita deputada federal, e Bruna Rodrigues, eleita deputada estadual.

A campanha eleitoral de 2020 realizou-se em condições completamente atípicas. A incerteza quanto ao adiamento da eleição, possibilidade que se revelou inconstitucional; o alto grau de restrição do contato físico entre as/os candidatas/os e a população, fruto das medidas de proteção sanitária, que impediu o corpo a corpo, tão importante para candidaturas de raiz popular; as ações assistenciais que favoreceram sobremaneira candidatos que já estavam na máquina pública, entre outros elementos, tornaram a disputa ainda mais desequilibrada, beneficiando fortemente os candidatos mais ricos, brancos e poderosos.

Quando olhamos a trajetória de prefeitos que já sentaram no

palácio Tomé de Souza, em Salvador, não temos dúvida alguma de que nós mulheres negras que disputamos na cena eleitoral de 2020 teríamos total capacidade de fazer mais e melhor por essa cidade repartida. Nesse cenário soteropolitano, nem mesmo a beleza generosa da natureza é capaz de esconder a dor de milhares de negras/os, adultas/os, jovens, crianças, chafurdadas/os na pobreza, na falta de oportunidades, num jogo voraz pela sobrevivência, em meio a uma cristalizada geografia física e econômica da desigualdade.

Quem de fato deve representar esse povo? Quem verdadeiramente se compromete com o seu empoderamento, através de políticas que vão além da inclusão? Essas são questões básicas que as pessoas deveriam fazer a si próprias na hora de votar. E nós, militantes e partidos políticos de esquerda, devemos buscar corresponder a este ideário generoso de conscientização e emancipação, que ultrapassa a mera conquista de mandatos.

SOBRE LEIS, VOTOS E FINANCIAMENTO DE CAMPANHA DE MULHERES NEGRAS

Não se pode compreender a complexidade do presente sem recorrer ao passado. Por que é tão difícil eleger mulheres, e principalmente mulheres negras? Porque nossos pontos de partida são diferentes. Os homens têm vantagens que combinam condições políticas, econômicas e culturais historicamente construídas e acumuladas na vida pública e privada. E, em especial, há uma interação singular entre essas esferas que apoiam as desiguais divisões sexuais de trabalho e poder e que garantem as portas dos centros de decisão sobre a sociedade escancaradas para eles, entreabertas para as mulheres brancas e fechadas para as mulheres negras e indígenas. Quando atravessamos, é porque as arrombamos.

A sub-representação negra nas instâncias de poder resulta de um longo e tortuoso processo histórico de negação de direitos, inclusive o de poder votar e ser votada/o. É parte de um projeto, uma arquitetura política que vem desde a escravidão, passa pelo Império e sofre importante modificação legal na Constituição de 1988, embora os costumes, a cultura política tenham sofrido poucas alterações. As leis eleitorais, que expressam, sobretudo, o pensamento das elites de cada época, já envolveram mecanismos de explícita exclusão dos pretos, das mulheres, dos mais pobres, das pessoas comuns dos centros de poder de decisão sobre o coletivo da sociedade.

Clovis Moura nos traz uma importante análise da Constituição de 1823. Nela, segundo o autor:

> São sumariamente excluídos do direito ao voto, juntamente com os criados de servir, os jornaleiros, os caixeiros de casas comerciais, enfim, juntamente com todas as pessoas que tinham rendimentos líquidos inferiores a 150 alqueires de farinha de mandioca. [...] Os mecanismos de defesa da sociedade escravista estabeleceram um sistema de peneiramento social no processo eleitoral capaz de preservar as suas bases de qualquer possível abalo. O Estado era uma sólida carapaça que – através de elementos de pressão – mantinha o status quo escudado em um conjunto de leis reflexas do regime escravista.[42]

Sem dúvida tal blindagem estabelecida pela classe dominante resiste através do tempo, revelando-se um sistema político e econômico de exclusão da classe trabalhadora, dos negros, dos indígenas, das mulheres tão sólido, cristalizado e complexo, que só a força da luta política democrática e popular organizada é capaz de subverter.

A Constituição de 1824, a mais longeva da história (durou 65 anos), manteve firme o voto censitário. Para que o cidadão tivesse o direito de votar, deveria ter idade mínima de 25 anos, ser livre ou liberto e com renda anual superior a 100 mil réis. E para ser candidato, a renda subia para 200 mil réis e excluía os libertos. E se a cidadania dos libertos era constitucionalmente reconhecida de forma parcial, o que dizer dos cativos? Estes sequer eram men-

---

[42] MOURA, Clóvis. *Rebeliões da Senzala:* quilombos, insurreições, guerrilhas. São Paulo: Ed. Anita Garibaldi, 2014. p. 120-121.

cionados, já que o acordo tácito que regia aquela sociedade era de negação sumária de qualquer cidadania escrava.

Para concorrer aos cargos de deputado e senador, o homem tinha que ter renda superior a 400 mil réis, ser brasileiro e de religião católica. Mulheres, pretos, povos originários, pobres e fiéis de outras religiões – principalmente do candomblé – estavam sumariamente excluídos. O critério econômico, por si só, já era um eficaz mecanismo de exclusão, mas a lei explicitava a cidadania parcial dos libertos e anulava os cativos e as mulheres. A lei também determinava que as pessoas com "deficiência física ou moral" teriam seus direitos políticos suspensos.

Às vésperas da abolição, a Lei Saraiva, Decreto nº 3.029, de 9 de janeiro de 1881, foi instituída para pretensamente posicionar o país nos trilhos da democracia liberal, no Brasil Império. A partir dela foi introduzido o título de eleitor e estabeleceu-se um suposto processo de eleições diretas, embora, na prática, a grande maioria do povo brasileiro tivesse sido alijado pelos critérios definidos pela lei para o direito ao voto. Num Brasil predominantemente agrário, sem um sistema educacional universal, as pessoas analfabetas, que segundo o censo da época, em 1872, correspondiam ao espetacular indicador de 78% da população, ficaram à margem da cidadania eleitoral, já que para votar, era preciso saber assinar o nome do próprio punho e escrever o nome do candidato escolhido.

Vale lembrar que somente na Constituição de 1934 a educação passou a ser proclamada como um direito de todos e um dever da família e do Estado. A obrigatoriedade da Educação primária se consagrou na Constituição de 1946, e somente depois da Emenda

Constitucional nº 25 de 1985 é que, finalmente, as pessoas não alfabetizadas alcançaram o direito ao voto.

Portanto, debater a participação política das mulheres negras e de outros grupos sociais em desvantagem requer lançar luzes sobre esse histórico e sobre o conjunto das situações que nos exclui. Vale observar que as mudanças têm se processado, mas ainda a passos de paquiderme, quando o assunto é a participação negra e indígena no universo das pessoas elegíveis. Mesmo após o avanço democrático trazido com a Constituição de 1988, os privilegiados detentores do direito de representar as elites e todos os estratos sociais, incluindo a classe trabalhadora, continuaram sendo os homens brancos e ricos, majoritariamente. Mudou-se a constituição, mas mantiveram-se quase intactas a estética e a natureza do poder. Sobre eles, os brancos e ricos, repousa a farsa meritocrática, que lhes confere a credibilidade e o rótulo de mais aptos para comandarem a sociedade brasileira.

A disputa pelo poder na sociedade burguesa sempre implicou em manter afastada a classe trabalhadora, os mais pobres, a massa dos que compõem o exército dos deserdados e deserdadas. Há fortemente no Brasil, mas também em todos os países capitalistas, uma correspondência entre poder e riqueza; uma ideia culturalmente difundida de descrédito, deslegitimação dos pobres frente ao exercício do poder. Sem propriedade, sem instrução acadêmica, pessoas desse estrato popular são levadas a não votar nos seus iguais, ou a não se candidatarem para se apresentar como uma opção aos líderes selecionados entre aqueles que são seus próprios opressores, num ciclo de negação de direitos de autorrepresentação das pessoas negras e indígenas, das mulheres, da classe trabalhadora.

No prólogo do livro de V. I. Lenin *Sobre a Emancipação da*

Mulher, a professora e revolucionária russa Nadezhda Krupskaya resgata um importante escrito do autor contraditando os chamados demo-constitucionalistas, que tinham uma visão liberal classista, elitista sobre quem deve exercer o poder. Disse Lenin:

> (...) nos diferenciamos destes cidadãos porque exigimos o rompimento sem demora com o preconceito de que só os ricos ou funcionários procedentes de famílias ricas podem governar o Estado e efetuar o trabalho cotidiano de administração. Exigimos que o aprendizado da administração do Estado esteja a cargo dos operários e soldados conscientes, e que se comece sem demora, a fazer participar desse aprendizado todos os trabalhadores, toda a população pobre.[43]

Para Lenin, "o mais importante era acabar com o preconceito intelectual burguês de que só podem dirigir o Estado funcionários especiais, totalmente dependentes do capital com toda sua posição social"[44]. Este escrito se desenvolveu no contexto de pré-revolução russa, sobre o que deveria ser o poder numa sociedade socialista.

A democracia burguesa embasa uma ambiência de exclusões baseadas numa narrativa, portanto, não podemos alimentar ilusões. A luta política se faz importante para garantir mandatos populares não como forma de chegar ao poder da classe dominante e preservá-lo, mas sim denunciá-lo por dentro, compondo a disputa parlamentar sobre o orçamento e discutindo a dívida pública que drena recursos astronômicos para os banqueiros e o setor rentista, por exemplo. Além disso, defender as políticas sociais de educação, saúde, moradia digna, transporte público de qualidade, as pautas das mulheres, dos negros e negras e povos indígenas e os direitos

---
[43] LENIN, V. I. *Sobre a Emancipação da Mulher*. São Paulo: Ed. Alfa-Omega, 1980, p. V.
[44] Ibdem, 1950.

LGBTQIAP+, massacrados pela desigualdade de classes sociais, pelo racismo, pelo sexismo e por tantos preconceitos. É como disse Lenin, no livro *O Estado e a Revolução*: não é através do sufrágio universal que vamos mudar o sistema. O Estado, o parlamento e todas as suas instituições são estruturas a serviço da classe dominante.

> Nós somos partidários da república democrática por ser a melhor forma de Estado para o proletariado sob o regime capitalista; mas não temos o direito de esquecer que a escravidão assalariada é a sorte do povo, mesmo na república burguesa mais democrática.[45]

Descortinando seus talentos, antes invisibilizados à sociedade, mulheres, e em especial negras, indígenas e trans, brotam da luta coletiva, de movimentos sociais, de histórias e saberes construídos em suas comunidades e nos próprios espaços marginais a que foram relegadas, impondo fissuras nas estruturas de poder hegemonizadas pelas elites brancas, masculinas e ricas. Escalando o edifício da desigualdade, elas irrompem os centros de decisão, carregando suas histórias e as histórias e desafios de suas e seus iguais. Uma mulher negra, uma mulher de vivência comunitária ou em trabalhos mais afinados ao perfil do povo traz um saber que não se aprende nas escolas, além da empatia com a cotidianidade dos subalternizados. De fato, são partes de um coletivo e com mais legitimidade de representá-lo.

É ilustrativo o relato da ex-vereadora e primeira deputada estadual preta do Rio de Janeiro, Jurema Batista: "Eu quero dizer o seguinte: não tem como uma pessoa da população negra chegar ao poder se não tem uma história ou luta social. Porque nós não temos

---

[45] LENIN, V. I. *O Estado e a Revolução*. São Paulo: Boitempo Editorial, 2017. p. 23.

sobrenome dos colonizadores, não temos poder econômico e não temos trajetória de poder político na família."[46]

Conheci Jurema no II Encontro Nacional de Mulheres Negras: Organização, Estratégias e Perspectivas, realizado em Salvador, em 1991. No ano seguinte, ela foi eleita vereadora do Rio de Janeiro, exercendo o mandato por três legislaturas e, em 2002, alçada ao cargo de deputada estadual. Durante seu mandato na Assembleia Legislativa (Alerj), presidiu a Comissão de Combate às Discriminações e Preconceitos de Etnia, Religião e Procedência Nacional.

Jurema foi uma parlamentar forjada no movimento comunitário e na militância antirracista, na favela do Morro do Andaraí. Na luta política no parlamento, viu dois dos seus assessores perderem a vida, no período em que ela lutou pela investigação do massacre da Candelária, ocorrido na madrugada do dia 23 de julho de 1993. No ano seguinte, a imprensa repercutia a execução dos assessores de Jurema, os senhores Hermógenes Almeida Silva e Reinaldo Guedes Miranda.

Numa outra favela, não muito longe dali, Marielle Franco, que tinha apenas 14 anos, não imaginava, na sua meninice, o que o futuro lhe reservava. A violência política sempre se fez presente, muitas vezes de forma brutal, na vida das parlamentares negras, porque a violência física e letal sempre povoou o universo de vivências da população negra nos grotões de miséria e de pobreza, ganhando ares de naturalidade.

Corpo e mente forjados na favela da Maré, Marielle Franco, eleita vereadora em 2016, pelo PSOL, foi uma voz tenaz na defesa dos direitos humanos, na luta antirracista, feminista e com

---

[46] PÚBLICA – AGÊNCIA DE JORNALISMO INVESTIGATIVO. Negras no poder. 10 de agosto de 2018. Disponível em: <https://apublica.org/2018/08/negras-no-poder/>, Acesso em: 30 set. 2021.

perspectiva socialista. Ela chegou na Câmara de Vereadores com a segunda maior votação conquistada por uma mulher, em todo o Brasil, naquela eleição, com seus fantásticos 46 mil votos. Se representatividade importa, ela tinha representatividade social e eleitoral em abundância. Mas sua atuação tornou-se um incômodo para os grupos reacionários e violentos. O brutal assassinato da vereadora, de repercussões internacionais, que até hoje não foi totalmente elucidado, abriu uma grave ferida na democracia liberal brasileira. Um país inteiro foi tomado pela comoção, exceto o nicho dos canalhas, dos verdugos, dos neofascistas, até então, subjacentes, mas que logo se revelou na excrescência bolsonarista o lodo da história.

E é incrível que, diferente do que pretendiam os covardes que a mataram, a morte de Marielle não refreou o ímpeto das mulheres negras na luta por direitos humanos e autorrepresentação política, mas ao contrário, potencializou pela via da indignação e da revolta conscientes. Três ex-assessoras de Marielle, mulheres negras, foram eleitas deputadas nas eleições seguintes, carregando a mesma bandeira dos direitos humanos que a fez tombar: Renata Souza (63 mil votos), Monica Francisco (43 mil votos) e Dani Monteiro (27 mil votos).[47] Todas socialistas, antirracistas e feministas, que seguem na luta sedentas de emancipação e justiça.

Ainda há muito a conquistar para que a humanidade e a capacidade de liderança das mulheres negras sejam reconhecidas amplamente, valorizadas e respeitadas. Para tanto, é fundamental que todos os partidos, sobretudo os partidos com orientação socialista e de esquerda, e mesmo os do campo democrático liberal,

---

[47] RODRIGUES, Léo. Legado de Marielle: assessoras são eleitas para Assembleia do Rio. *Agência Brasil*. 12 de dezembro de 2018. Disponível em: <https://agenciabrasil.ebc.com.br/politica/noticia/2018-10/legado-de-marielle-assessoras-sao-eleitas-para-assembleia-do-rio>. Acesso em: 24 set. 2021.

reconheçam o potencial transformador que as candidatas negras assumem quando lhes são oferecidas as condições de falar com suas próprias vozes e decidir com e sobre a coletividade e os mesmos recursos para campanha disponíveis aos outros candidatos.

As experiências das chapas coletivas trazem um expressivo impulso à participação das mulheres, pessoas negras e LGBTQIAP+ nas disputas eleitorais. Com uma nova metodologia na concorrência pelas vagas eletivas e ocupação de espaços, as chapas coletivas revelam que, principalmente mulheres negras e pessoas trans, estão se movendo de forma articulada para romper barreiras econômicas, estereótipos, estigmas com foco em assumir e ressignificar o poder.

A publicação "Mandatos Coletivos e Compartilhados – Desafios e possibilidades para a representação legislativa no século XXI"[48] traz dados importantes sobre a experiência dos mandatos coletivos, que ganharam corpo a partir dos anos 1990. A equipe identificou um total de 110 candidaturas, no Brasil, entre os anos de 1994 e 2018, em pelo menos 17 estados, o que sinaliza continuidade, expansão e amadurecimento dessa estratégia. Segundo este estudo, as chapas angariaram 1.233.234 votos, no período pesquisado, sendo que 32 delas derrotaram seus adversários.

Em 2016, consagrou-se nas urnas o Mandato Coletivo Alto Paraíso, que reuniu o Professor Sat, Laryssa, Ivan Anjo, Yuji e Luiz Paulo para o exercício da vereança na Câmara Municipal de Alto Paraíso, em Goiás. Em 2018, a vitória da Bancada Ativista, em São Paulo, e também das JUNTAS, em Pernambuco, assim como das Pretas por Salvador, em 2020, entre outras experiências, revelaram

---

[48] SECCHI, Leonardo (Coord.). *Mandatos Coletivos e Compartilhados* – Desafios e possibilidades para a representação legislativa no século XXI. Rede de Ação Política pela Sustentabilidade (RAPS). 2019. Disponível em: <https://www.raps.org.br/2020/wp-content/uploads/2019/11/mandatos_v5.pdf>. Acesso em: 07 out. 2021.

a receptividade do eleitorado a esse novo arranjo político. Sem dúvida uma injeção de democracia no tradicional e elitista sistema de representação.

Embora não existam no ordenamento jurídico, os mandatos coletivos mexem e remexem a cultura eleitoral e já promovem mudanças no modo de fazer política antes mesmo de uma legislação incorporá-los na Constituição ou no Código Eleitoral. O costume é também uma forma de redesenhar o Direito. E as chapas coletivas apontam novos caminhos, criativos e inteligentes, de minar a estrutura antidemocrática que conserva o poder político das classes dominantes.

GÊNERO E RAÇA NA POLÍTICA DE FINANCIAMENTO DE CAMPANHA

Mulheres e pessoas negras e trans que militam em partidos políticos sabem o quanto é desigual a distribuição dos recursos de campanha nos processos eleitorais. Ocorre que a própria constituição e a história dos partidos políticos se deram no curso de uma sociedade onde mulheres, negros, indígenas, pessoas LGBTQIAP+ tiveram sua cidadania legal e culturalmente subtraída, alijada desde o alistamento eleitoral até a possibilidade de serem elegíveis para tomar parte dos centros de decisão, como vimos anteriormente.

Se os partidos são majoritariamente dirigidos por homens brancos e, sobretudo, mas não só na direita liberal, por ricos com seus sobrenomes tradicionais, as decisões por eles tomadas serão sempre no sentido de reforçar o perfil de poder que seja a sua imagem e semelhança. Na esquerda, tradicionalmente composta por uma elite intelectual universitária e sindical, oriunda do chão das fábricas e dos movimentos estudantis, a estética da política – que deveria ser oposta ao que a direita nos apresenta – muitas vezes se confunde com a do poder ostentada pelos liberais nos quesitos raça e gênero, necessariamente nesta ordem. Um contrassenso, já que a proposta dos partidos marxistas e representativos da classe trabalhadora é de destruir a sociedade capitalista burguesa e seus valores excludentes, e em seu lugar, erguer o Socialismo de valores baseados no bem comum e na solidariedade. Ora, para que tal intento se concretize, é preciso exercitar a valorização da diversidade do nosso povo, incorporá-la ao ideário transformador, promovendo assim uma estética da política que expresse a verdadeira cara da classe trabalhadora, em gênero, raça, orientação sexual e outras dimensões.

Em seu artigo "A Estética é Política", Ingrid Farias nos traz uma importante reflexão sobre o assunto que dialoga não só com o que estamos tratando neste capítulo, mas com a abordagem que fizemos sobre os estereótipos que afastam as pessoas negras da política e do eleitorado.

> Essa reflexão está fundada na imagem estética dos sujeitos que ocupam os espaços políticos de poder, retratando um grupo social de maioria branca e heterossexual. Esse grupo constitui uma estética política que afasta e intimida outros grupos sociais que fazem e vivenciam política cotidianamente, nos espaços não legítimos, como a exemplo da maior parte de iniciativas que acontecem na periferia. Essa construção social de qual é o grupo hegemônico se baseia na origem da ideia de raça como base do pensamento que originou a ideologia de superioridade e inferioridade racial, colocando as pessoas brancas e ricas acima de qualquer outra raça ou grupo social. O conceito de política reconhecido em nossa sociedade está relacionado à arte e ciência de governar. Mas quem, de fato, pode governar? As pessoas que se organizam, histórica

e politicamente, para alterar as realidades cruéis de negação de direitos não são percebidas como agentes do fazer político, especialmente por não serem legitimadas pela estética política dominante.[49]

Este imaginário é também orientador da distribuição dos recursos financeiros para as candidaturas, considerando, no plano da subjetividade, os critérios ocultos, porém determinantes, sobre aquelas que seriam mais viáveis ou não para serem agraciadas com o dinheiro e estruturas das campanhas.

A luta feminista plural nos levou à defesa tenaz da política de cotas para as mulheres no parlamento brasileiro. Um marco importante para a pauta dos direitos iguais entre homens e mulheres, no sentido lato sensu, é a Convenção sobre a Eliminação de Todas as Formas de Discriminação contra a Mulher (CEDAW), de 1979, da qual o Brasil é signatário, e passou a vigorar em 1981. E desde a IV Conferência Mundial sobre a Mulher, em Beijing, realizada pela ONU, em 1995, a sociedade brasileira tem sido pautada com muito mais força com o debate sobre ações afirmativas em processos eleitorais.

A primeira experiência foi a Lei 9.100/95, que regulamentou as eleições municipais prevendo 20% das vagas de cada partido ou coligação para mulheres. A Lei eleitoral 9.504/1997 representou algum avanço, mas apenas previu a reserva de vagas de 30%, sem, contudo, obrigar os partidos a preenchê-las e sem criar mecanismos de punição às legendas que não a cumprissem. Posteriormente, as cotas de gênero foram aperfeiçoadas pela Lei 12.034/2009, que alterou a Lei 9.504/1997, adotando a seguinte redação em

---

[49] FARIAS, Ingrid. A Estética é Política. *Justificando*. 18 de setembro de 2019. Disponível em: <https://www.justificando.com/2019/09/18/estetica-e-politica/>. Acesso em: 12 jan. 2022.

seu artigo 10º, parágrafo 3º: "Do número de vagas resultantes das regras previstas neste artigo, cada partido ou coligação preencherá o mínimo de 30% (trinta por cento) e o máximo de 70% (setenta por cento) para candidaturas de cada sexo"[50].

Na prática, a lei reafirmou o direito conquistado pelas mulheres de serem candidatas ao eliminar erros de interpretação e garantir o pleno preenchimento do percentual mínimo estabelecido, de 30%. E sendo para um dos sexos, ao mesmo tempo que beneficia as mulheres, por serem elas o segmento historicamente alijado, também acena para a possibilidade de os 70% majoritários não ser necessariamente de homens, podendo ser de mulheres, só depende da decisão do povo.

Fato ilustrativo é o que aconteceu no Chile. O país tem uma legislação que prevê a paridade de gênero na ocupação dos cargos do parlamento, justamente para promover mais mulheres na política. Ocorre que, nas eleições de 2021, as mulheres tiveram uma vitória surpreendente e histórica. Elas foram maioria entre os eleitos e tiveram que ceder parte de suas vagas para os homens. Explico. Como o voto é distrital, nos distritos em que mulheres ultrapassaram a cota permitida para um dos gêneros, elas tiveram de abrir mão em favor dos homens, e onde os homens excederam o número de vagas, eles precisaram ceder às mulheres. Assim, 11 mulheres e 5 homens eleitos a mais em seus distritos renunciaram para que candidatas e candidatos pudessem assumir as vagas que elas e eles tinham o direito legal, garantindo assim a paridade na distribuição dos cargos.[51]

---

[50] BRASIL. Lei nº 9.504, de 30 de setembro de 1997. Brasília, 1997. Disponível em: <http://www.planalto.gov.br/ccivil_03/leis/l9504.htm>. Acesso em: 15 jan. 2022.
[51] AGÊNCIA BRASIL. Mulheres são mais votadas no Chile, mas lei as obriga a ceder lugares. 18 de maio de 2021. Disponível

Não basta ter vagas de candidaturas sem ter recursos orçamentários. Assim, um salto extremamente importante em relação à promoção de mulheres na legislação eleitoral brasileira se deu em 2018 com a decisão do Tribunal Superior Eleitoral de determinar a partilha e aplicação dos recursos financeiros advindos do Fundo Especial Eleitoral e do Fundo Partidário na mesma proporção do número de mulheres candidatas. Portanto, não só no percentual mínimo de 30%, mas superior a isso nos casos em que houvesse mais figuras femininas concorrendo a cargos públicos. A resolução também foi extensiva à distribuição do tempo de propaganda de rádio e TV.

Vale destacar que tal decisão se deu em resposta a ADI nº 5617, apresentada por um grupo de parlamentares, deputadas federais e senadoras ao TSE. A relatora da matéria foi a ministra Rosa Weber, e o resultado contabilizou um crescimento de 51% de deputadas federais eleitas, em relação ao pleito de 2014. E nas Assembleias legislativas, o aumento foi de 41,2 %.[52]

Soma-se a este pequeno, mas importante avanço a adoção, pela primeira vez, do critério étnico-racial. Em 2019, o pleno do TSE, respondendo a uma consulta feita pela deputada federal Benedita da Silva, através da ONG EDUCAFRO, cujo relator foi o ministro Roberto Barroso, decidiu que, para as eleições de 2020, o critério étnico-racial fosse utilizado na distribuição proporcional dos recursos financeiros do Fundo Especial Eleitoral e também na propaganda eleitoral. Dessa forma, reconheceram-se os argumentos

---

em: <https://agenciabrasil.ebc.com.br/internacional/noticia/2021-05/mulheres-sao-mais-votadas-no-chile-mas-lei-obriga-ceder-lugares>. Acesso em: 16 jan. 2022.

[52] TRIBUNAL SUPERIOR ELEITORAL. Número de mulheres eleitas em 2018 cresce 52,6% em relação a 2014. Disponível em: <https://www.tse.jus.br/imprensa/noticias-tse/2019/Marco/numero-de-mulheres-eleitas-em-2018-cresce-52-6-em-relacao-a-2014>. Acesso em: 16 jan. 2018.

e os dados reveladores do quanto as populações negra e indígena são apartadas dos espaços de representação política, sendo o passo mais concreto na adoção de ação afirmativa para promover pessoas negras na política. Pois, embora o Brasil tenha assinado a Convenção Internacional sobre a Eliminação de todas as Formas de Discriminação Racial, em 07 de março de 1966[53], pouco tinha sido feito para viabilizar o conjunto de direitos ali proclamados para a promoção da equidade étnico-racial.

Na Bahia, apenas 10 mulheres e 53 homens na Assembleia Legislativa, abaixo dos 16%, que ainda é pouco, atingidos na Câmara Federal. E é espantoso como em Sergipe, no Amazonas e no Maranhão nenhuma mulher tenha conseguido ser eleita deputada federal, no pleito de 2018. Esta escandalosa lacuna é um dos sintomas da gravidade e do tamanho do problema que é a sub-representação feminina, o que demonstra a necessidade de implantarmos no Brasil a reserva de cadeiras no Congresso Nacional, nas assembleias e câmaras municipais, e não apenas as cotas de candidaturas em lista aberta, como é atualmente.

O debate sobre cotas de cadeiras cresceu nos últimos tempos no Congresso, sobretudo na Bancada Feminina. Mas, acompanhando a votação na Comissão dos Direitos da Mulher, me causou perplexidade a fala da deputada Chris Tonietto do PSL. Embora tenha sido a única a votar contra o PL, cuja relatora deu parecer favorável, é importante não subestimar o posicionamento da referida deputada, porque ele reflete a visão de uma parcela significativa da população que não tem acesso à informação de qualidade sobre o tema, ficando

---

[53] BRASIL. Decreto nº 65.810, de 8 de dezembro de 1969. Brasília, 1969. Disponível em: <http://www.planalto.gov.br/ccivil_03/decreto/1950-1969/D65810.html>. Acesso em: 18 jan. 2022.

à mercê de homens e mulheres que reproduzem ideias machistas, com o propósito de que querem deter as mudanças civilizatórias necessárias e urgentes.

Vejamos o que disse Chris Tonietto:

> Ora, [...] a população brasileira é composta predominantemente por mulheres. Contudo, nada tem a ver com falta de representatividade o fato de apenas 15% das vagas legislativas serem ocupadas por mulheres. Tal condição se deve a um sem número de fatores, a exemplo de: (i) o fato de maior número de homens se interessar por concorrer a pleitos eleitorais; (ii) o direito de cada eleitor por optar livremente pelo candidato de sua escolha, independentemente do seu sexo, haja vista a concordância com suas pautas, valores, propostas. Dito isso, não nos parece fazer sentido a positivação de uma imposição que desconsidera que nem sempre o fato de haver uma suposta falta de representatividade feminina significa preconceito ou qualquer forma de supressão ao direito da mulher. Até mesmo porque pode haver desinteresse da própria mulher, que por livre vontade decide seguir rumos diferentes que não envolvam especificamente a política. Isto é, nenhuma mulher é impedida ou proibida de se candidatar. Nada do que é imposto tem o mesmo valor que aquilo que é conquistado e garantido por força da meritocracia. Todas as parlamentares eleitas democraticamente até o presente momento, ingressaram em seus cargos pelos seus méritos próprios, e não por conta de qualquer quota.[54]

Em seu voto, a deputada desconsiderou todo o processo de luta acumulada que resultou em leis de cotas, que foram determinantes na ampliação de candidaturas de mulheres e recentemente, como vimos, na distribuição dos recursos financeiros que expandiu a representação feminina no parlamento, inclusive com o ingresso da própria deputada Chris Tonietto.

Certamente, nem todas as mulheres vão querer estar na

---

[54] Comissão dos Direitos da Mulher. Voto em separado da deputada Chris Tonietto ao PL 35, de 2019, da deputada Sâmia Bonfim (PSOL/SP) e Marcelo Freixo (PSOL/RJ), em 7 de abril de 2021.

política. Mas há que se considerar que, num processo histórico de restrição de oportunidades, de massificação ideológica de que o lugar da mulher seria fora da vida pública, assumindo os cuidados da família, dos filhos e filhas, a própria ideia de "vontade" deve ser entendida a partir de muitas variáveis e condicionantes, sobretudo dos tabus que regem a política como um território masculino e branco, afastando as mulheres e as pessoas não brancas. Nem o interesse das mulheres de se candidatar ou não, nem a vontade do eleitorado frente ao candidato que receberá seu voto estão livres dessas variáveis ideológicas. Temos dito: lugar de mulher é onde ela quiser, e é, mas é preciso descortinar os horizontes daquelas que foram impedidas de vislumbrar o poder como algo possível a elas.

A feminista e cientista social Clara Araújo, pesquisadora do tema das cotas de gênero no Brasil e na América Latina, analisando os efeitos das cotas de 30% de candidaturas combinadas com a decisão do TSE sobre a partilha dos recursos do Fundo Eleitoral Especial, afirma que:

> Apesar das várias interrogações sobre como aplicar a nova regra, e das tensões geradas no encontro entre a aplicação da Norma e as engenharias eleitorais dos partidos, os dados estatísticos sistematizados indicam efeito positivo da regra de financiamento destinadas às mulheres sobre sua elegibilidade. Em síntese, pode-se dizer que com essas medidas mais recentes as cotas aumentaram seu potencial de funcionamento no Brasil. Apesar disso, o problema do preenchimento dos percentuais mínimos de candidaturas femininas segue em destaque por vários partidos, com alguns enfatizando mais o desafio de encontrar candidaturas competitivas, e não tanto de encontrar candidatas.[55]

No que tange especificamente às candidaturas de mulhe-

---

[55] ARAÚJO, Clara. Mulheres no Parlamento. *A Terra é Redonda*. 18 de junho de 2021. Disponível em: <https://aterraeredonda.com.br/mulheres-nos-parlamentos/>. Acesso em: 19 jan. 2022.

res negras, vale refletir sobre os problemas que essas mulheres enfrentam para se colocar na quadra do poder: a falta de políticas que redefinam a divisão sexual e racial do trabalho; a ausência de uma infraestrutura de educação, atenção e cuidados acessíveis às mulheres e mães mais pobres, a exemplo de creches para as crianças; e a alarmante desigualdade salarial que faz com que as mulheres negras tenham os mais baixos rendimentos. Tudo isso e outros fatores levam a nós mulheres negras a sermos fixadas, majoritariamente, em posições de retaguarda, nos impondo um esforço épico, muitas vezes, para romper padrões de dominação e nos reposicionarmos na luta por autorrepresentação política.

As mulheres negras ainda estão extremamente absorvidas nas funções de cuidado das famílias brancas, além de ter de cuidar e sustentar suas próprias famílias. São as trabalhadoras domésticas, mais de seis milhões de mulheres espalhadas pelo país, que cuidam das crianças, das cozinhas e das salas de estar para que os homens brancos hegemonizem os centros de decisão, ou as mulheres brancas possam trabalhar, realizar o sonho de ter uma carreira, inclusive aquelas que estão na vida pública, ainda que minoritariamente. E é marcante a falta de solidariedade intragênero.

Durante muito tempo, eu lembrei com pesar de quando fui chamada pela minha patroa que me parabenizou por eu ter passado no vestibular, mas pediu que eu fizesse a tal "escolha de Sofia": continuar no emprego de faxineira, com a jornada de 40 horas semanais, ou fazer minha faculdade de Pedagogia. Ela poderia ter feito um arranjo para que eu conseguisse realizar as duas coisas, reduzir a carga horária, propor compensações, de maneira a me apoiar nos meus estudos. Mas não. Eu tive que perder o emprego que eu tanto precisava para garantir a sobrevivência imediata para ganhar a universidade, que era a garantia de um futuro profissional melhor.

A trabalhadora doméstica Eliene de Santana Juriti, mãe de Juscilene Juriti, a jovem grávida de 22 anos, mãe de dois filhos, que foi alvejada no ventre durante uma operação policial no subúrbio de Salvador, perdendo o bebê e parte de vários órgãos, não contou com nenhum gesto significativo de apoio da parte de sua patroa, a não ser meia dúzia de palavras de solidariedade protocolar. Dos 22 dias em que ela precisou faltar o trabalho, acompanhando a dramática luta da filha pela vida numa UTI, seu salário foi descontado em cinco dias. E o menino Miguel, caso que abalou o Brasil?! Enquanto sua mãe, Mirtes Renata de Souza, trabalhadora doméstica, passeava com os cachorros da patroa, Sari Mariana Costa Gaspar Côrte Real, esposa do prefeito Sérgio Hacker, de Tamandaré (PE), esta deixou que o filhinho de Mirtes fosse sozinho para o elevador atrás da mãe, provocando a tragédia que tirou a vida dele, uma criança de 5 anos.

Evidentemente nem todas as mulheres negras ocupam o universo do trabalho doméstico, mas este é o lócus onde vemos se perpetuarem relações análogas à escravidão e muita falta de sororidade de mulheres brancas em relação às mulheres negras e pobres que são levados a venderem a preço vil sua força de trabalho, na maioria das experiências. Não é de paternalismo que as mulheres negras precisam, e sim à quebra dos grilhões que as mantêm presas às relações atualizadas de servidão. Quando as patroas criam obstáculos frente às oportunidades que às vezes aparecem para aquelas trabalhadoras, por não quererem perder a mão de obra boa e barata, significa que são – conscientes ou não – mantenedoras das correntes que impedem o voo livre dessa grande massa de mulheres pretas na sua necessária mobilidade social, política e econômica.

A eleição de mulheres progressistas, em especial mulheres negras e de histórias de vida ligadas às comunidades, exige mais investimentos, quer seja dos partidos políticos, quer seja dos movimentos sociais e setores sensíveis à pauta do empoderamento feminista e antirracista negras. Há que se investir em práticas de enfrentamento ao analfabetismo político imposto a uma enorme parcela do nosso povo subordinada a esquemas de manipulação, proporcionando assim experiências que elevem a autoestima, a confiança, e promovam lideranças para fins de representação parlamentar.

As pautas das mulheres negras e LGBTQIAP+ no parlamento têm indicado que essas se orientam por necessidades do povo, das mulheres, contra racismos, sexismos e preocupação com as condições de vida nas quebradas, nos guetos e favelas, becos e vielas onde, majoritariamente, reside a carne negra. Ora, novas práticas e experiências políticas positivas precisam ser mais desenvolvidas, divulgadas, e assim contribuir para a reeducação político-popular das/dos eleitoras/es e candidatas/os.

Em *Mulheres, Cultura e Política*, Angela Davis afirma que:

> O movimento de mulheres do século XIX também era contaminado pelo preconceito de classe. A feminista burguesa Susan B. Anthony se perguntava por que seu apelo às mulheres da classe trabalhadora sobre a questão do voto era frequentemente recebido com indiferença. (...) Ela indagava o motivo pelo qual essas mulheres pareciam mais preocupadas em melhorar a sua situação econômica do que em conquistar o direito ao voto. Por mais essencial que fosse a igualdade política para a campanha mais ampla pelos direitos das mulheres, aos olhos das trabalhadoras afrodescendentes e brancas isso não é sinônimo de emancipação. O fato de que as estratégias de luta se baseavam

conceitualmente na condição específica das mulheres brancas das classes privilegiadas colocava tais estratégias em desacordo com a percepção de empoderamento das mulheres da classe trabalhadora. "Mulheres querem pão, não voto".[56]

Ou seja, o voto em si não necessariamente mudará as condições de vida das mulheres que estão na base da pirâmide social. É preciso que o direito conquistado de votar se traduza em candidaturas que verdadeiramente expressem compromissos com os votos que recebem e trabalhem para pôr em prática respostas efetivas de políticas sociais que tenham impacto positivo na vida das populações votantes: mulheres negras e pobres, classe trabalhadora e segmento LGBTQIAP+, pessoas com deficiência, entre outras pessoas afetadas pelas desigualdades de classe e múltiplas discriminações.

Para a eleição de 2022, o TSE baixou uma importante resolução que determina a antecipação do repasse dos recursos do Fundo Especial de Financiamento de Campanha Eleitoral (FEFC) e do Fundo Especial de Assistência aos partidos Políticos para as candidaturas de mulheres e de pessoas negras, cumprindo as cotas de gênero e raça, até o prazo limite de 13 de setembro; portanto, 19 dias antes da eleição, para evitar atrasos que prejudiquem as candidatas e candidatos. É o mais relevante e inovador, conforme determina a legislação eleitoral, será feita a contagem em dobro dos votos dados às mulheres e pessoas negras.[57] E o primeiro passo para o reconhecimento das chapas coletivas também foi dado: a partir das eleições de 2022, a foto da chapa coletiva poderá constar na urna, embora o registro permaneça em nome de uma das candidaturas.

---

[56] DAVIS, Angela. *Mulheres, Cultura e Política*. São Paulo: Ed. Boitempo, 2016. p. 16.
[57] TRIBUNAL SUPERIOR ELEITORAL. TSE aprova quatro resoluções com regras para as Eleições 2022. 09 de dezembro de 2021. Disponível em: <https://www.tse.jus.br/imprensa/noticias-tse/2021/Dezembro/tse-aprova-quatro-resolucoes-com-regras-para-as-eleicoes-2022>. Acesso em: 31 jan. 2022.

Mas, além disso, a fiscalização e a punição rigorosa dos partidos que não estejam comprometidos com os esforços para promover mulheres candidatas são fundamentais. Não raro, partidos tentam driblar a política de cotas apresentando candidaturas fictícias de mulheres. Em 2018, PSL foi o campeão neste tipo de procedimento escuso. Luciano Bivar, deputado federal e presidente do PSL, foi indiciado, junto com candidatas. Dentre elas Lourdes Paixão, candidata a Deputada Federal por Pernambuco, que recebeu 400 mil reais e obteve 247 votos, o que significa que ela teria investido mais de R$ 16.000 para cada voto obtido. O que antes era tolerado pelos órgãos de fiscalização e controle, hoje percebe-se mudanças, fruto da pressão dos movimentos sociais de mulheres.

No combate contundente às chamadas candidaturas laranjas, o TSE tomou uma decisão dura em 2019. A corte cassou os mandatos de seis vereadores eleitos pelas coligações Compromisso com Valença, município do estado de Piauí, após ficar comprovado que várias candidatas da chapa eram laranjas; portanto, os eleitos não cumpriram a regra básica dos 30% de candidaturas reais femininas, em suas chapas.[58]

O direito de se candidatarem, de ter instrumentos legais que as fortaleçam na busca do voto, e o respaldo político e financeiro são fatores indispensáveis para o sucesso das candidaturas das mulheres negras. A soberania partidária em sistema proporcional de eleições deve ser conjugada com o dever dos partidos de estimularem e criarem condições concretas para que as candidaturas negras, principalmente de mulheres, possam se apresentar, se desenvolver e alcançar vitórias.

---

[58] TRIBUNAL SUPERIOR ELEITORAL. Plenário mantém cassação de vereadores envolvidos em caso de candidaturas fraudulentas no Piauí. 17 de setembro de 2019. Disponível: <https://www.tse.jus.br/imprensa/noticias-tse/2019/Setembro/tse-mantem-cassacao-de-vereadores-envolvidos-em-caso-de-candidaturas-fraudulentas-no-piaui>. Acesso em: 31 jan. 2022.

LUTAS IDENTITÁRIAS, DEMOCRACIA E PERSPECTIVA SOCIALISTA

As lutas identitárias não são obstáculos para as lutas democráticas centradas no enfrentamento ao sistema socioeconômico. Ao contrário, elas são uma necessidade histórica da democracia. É um desafio à humanidade subverter o sistema capitalista e as múltiplas formas de opressão que o sustentam. Há que se repensar os atuais parâmetros civilizatórios marcados pelo racismo e discriminações baseadas no gênero e estabelecer novas perspectivas civilizacionais, orientadas pela equidade de gênero e étnico-racial. No entanto, as polêmicas e as contradições estão aí e precisam ser enfrentadas.

O cientista político estadunidense Mark Lilla, diante da vitória de Trump sobre Hillary Clinton na eleição de 2016, resolveu depositar na conta do que ele chama movimentos identitários, principalmente dos ativistas da luta antirracista, parte importante da responsabilidade pela derrota da candidata democrata. Lilla chegou a escrever um artigo "escrachando" os ditos movimentos identitários quando Trump foi eleito. Esse artigo inspirou o livro *O Progressista de ontem e o do amanhã: desafios da democracia liberal no mundo pós--políticas identitárias*, de sua autoria. Na obra, ele afirma que:

> o paradoxo do liberalismo identitário é que ele paralisa a capacidade de pensar e agir da maneira adequada para conseguir o que diz querer.

> Vive hipnotizado por simbolismos: conquistar uma diversidade superficial nas organizações, recontar a história de modo a deslocar o foco para grupos marginais e não raro minúsculos, inventar eufemismos inócuos para descrever realidades sociais [...].[59]

Certamente, as perspectivas antirracista e feminista liberal não enfrentam a relação das opressões de gênero e raça com o sistema de divisão em classes sociais. Mas pautam-se na inserção de negros, de mulheres e da população LGBTQIAP+ no sistema vigente e suas estruturas socioeconômicas e de poder, em vez de propor seu desmantelo.

Para Lilla, o "identitarismo" reforça o neoliberalismo ao invés de combatê-lo, pois no lugar de uma plataforma de interesse nacional, ganham relevância bandeiras de grupos.[60] Contudo, é um erro crasso generalizar os movimentos sociais pelo viés neoliberal. Nem toda luta identitária é liberal e estreita. Grande parte desses movimentos identitários são revolucionários. São muitas e distintas as correntes ideológicas da luta feminista, dos movimentos antirracista e LGBTQIAP+. Tais pautas buscam sacudir os alicerces e envolver a maioria do povo, pois, se parte do povo é oprimida, não há plena emancipação da sociedade.

A forma brutal como George Floyd foi assassinado, em 2020, serviu de estopim para mais uma onda de protestos ganhar as ruas dos EUA, certamente a maior manifestação desde o movimento por direitos civis. Em todos os estados, milhares de trabalhadores e trabalhadoras negros, e também brancos e de outros grupos étnicos,

---

[59] LILLA, Mark. *O progressista de ontem e o do amanhã*: desafios da democracia liberal no mundo do pós-políticas identitárias. São Paulo: Ed. Companhia das Letras, 2017. p. 17.
[60] Ibidem.

protestaram juntos/juntas sob a expressão de ordem "Black Lives Matter" (vidas negras importam).[61]

Analistas políticos, ao destacarem o conjunto de fatores que determinou a derrota de Trump, citam entre eles as manifestações negras. Evidente que a péssima gestão da pandemia, que colocou os EUA em primeiro lugar no mundo em número de mortos pela Covid-19, foi a principal causa do desgaste do governo Trump, elevando às alturas as taxas de reprovação do mandatário. Desse modo, sua reeleição tornou-se inviável, mas as manifestações unificadas das mulheres contra Trump (em 2018) e os protestos antirracistas, desencadeados pelo movimento Black Lives Matter, também contribuíram com a vitória de Joe Biden e Kamala Harris. A própria opção por uma vice negra decorreu da conjuntura política forjada pela grande repercussão do movimento democrático de resistência negra.

O papel do movimento foi tão relevante que, pela primeira vez, desde 1992, levou os Democratas a ganharem no estado da Georgia, no qual também elegeram o primeiro senador negro da história daquele estado, o reverendo Raphael Warnock.[62]

Vale destacar a importantíssima contribuição da ex-deputada Stacey Abrams, que já havia sido candidata a governadora da Georgia, e fez um trabalho militante, conseguindo registrar cerca de 800 mil eleitoras e eleitores negros para votar na eleição de 2020. A população negra se uniu e votou contra Trump porque, assim

---

[61] BERMÚDEZ, Ángel. Morte de George Floyd: 4 fatores que explicam por que caso gerou onda tão grande de protestos nos EUA. *BBC News Brasil.* 2 de junho de 2020. Disponível em: <https://www.bbc.com/portuguese/internacional-52893434>. Acesso em: 20 out. 2020.

[62] DA REDAÇÃO. Com resultado histórico, democrata Raphael Warnock se torna primeiro senador negro da Geórgia. *UOL.* 06 de janeiro de 2021. Disponível em: <https://cultura.uol.com.br/noticias/15361_com-resultado-historico-democrata-raphael-warnock-se-torna-primeiro-senador-negro-da-georgia.html>. Acesso em: 20 jul. 2021.

como acontece no Brasil, os negros e negras são o principal alvo da necropolítica, que tem a polícia como força básica, e com maior probabilidade negras e negros são os que menos têm acesso à vacina e mais perderam emprego ou morreram de Covid-19.

No Brasil, muita gente, inclusive de esquerda, embarcou de forma acrítica na concepção de Mark Lilla. Alguns até repetem suas formulações, sem considerar a diversidade do que nós somos também nos movimentos sociais, no plano da luta de ideias, numa relação permanente de unidade e luta. Assim como o movimento sindical tem classistas revolucionários, reformistas liberais e conciliadores de classe, nos movimentos antirracista, feminista e LGBTQIA+ também há correntes ideológicas das mais distintas. Rotular todos numa só vertente é uma forma preconceituosa de negar ou diminuir o papel civilizatório, transformador que esses movimentos possuem.

Vale ressaltar que a questão da identidade é parte integrante da formação dos grupos humanos. As populações negra e indígena sofreram e sofrem violências contra a sua identidade cultural, estética, religiosa, entre outras dimensões. As pessoas de orientação sexual não heterossexual ou com identidade não cisgênera estão sujeitas a vivenciarem violências especificamente por serem LGBTQIA+.

O capitalismo e outros modos de produção forjaram um padrão de humanidade branco, cisgênero e heteronormativo como modelo central. Aquelas e aqueles que não se enquadram terão seus direitos humanos violados. Esses grupos sociais enfrentam da violência simbólica à violência letal. Uma mulher sofre feminicídio pela sua identidade de gênero socialmente construída; uma pessoa trans é um corpo que subverte o padrão heteronormativo, e muitas vezes é destruído por isso; os negros e negras sofrem violências da estrutura de Estado, são o principal alvo da necropolítica pela sua identidade racial. Assim, as lutas desses diferentes grupos sociais são indenitárias, mas não só. Os brancos são o maior grupo indenitário. Elas ultrapassam os rótulos limitadores e projetam novas possibilidades de experiências sociais, guiadas pela superação de preconceitos e múltiplas formas de opressão e discriminação.

Em todas as Américas, as sociedades em que vivemos hoje foram forjadas em processos coloniais estruturalmente classistas, sexistas, racistas. A história do trabalho e da classe trabalhadora é marcada por mais de três séculos de escravidão e colonialismo oficializados. Um regime em que seres humanos brancos, maior grupo indenitário do planeta, tinham entre suas propriedades seres humanos negros e indígenas. Marx foi preciso ao discorrer sobre a magnitude do papel da escravidão no modelo de acumulação capitalista.

> A escravidão direta é o eixo da indústria burguesa, assim como as máquinas, o crédito etc. Sem escravidão, não teríamos o algodão; sem o algodão, não teríamos a indústria moderna. A escravidão deu valor às colônias, as colônias criaram o comércio universal, o comércio universal é a condição da grande indústria. Assim, a escravidão é uma categoria econômica da mais alta importância.[63]

Assim, a escravidão no continente foi alimentada pela carne negra, marcada a ferro, como o próprio Marx menciona. Tal empreendimento, brutalmente desumano, de exploração de classe e reificação das relações de trabalho, tornou o racismo seu maior legado para as gerações subsequentes, alcançando e modelando as relações econômicas, culturais e sociais, não só até os tempos atuais,

---
[63] MARX, Karl. *A Miséria da Filosofia*. São Paulo: Ed. Global Editora, 1985. p. 108.

mas comprometendo o futuro, se a luta coletiva não for capaz de barrar e superar esse processo de perpetuação do racismo e suas consequências.

O fim da escravidão no Brasil é um fenômeno relativamente recente, em termos de tempo histórico. As elites dominantes no século XIX demonstraram grande dificuldade em libertar os seres humanos negros do cativeiro e de abrir mão do odioso sistema escravocrata, estendendo-o o quanto puderam, em vez de aboli-lo nos primeiros ventos liberais que por aqui passaram.

O historiador Clóvis Moura dividiu o escravismo em dois ciclos: o escravismo pleno e o escravismo tardio. Este último teve como marcos a Lei Eusébio de Queiroz (de 4 de setembro de 1850), que proibiu o tráfico negreiro, e a Lei de Terras (de 18 de setembro de 1850), que pôs no mercado de comercialização as terras públicas, estabelecendo a partir dali que a obtenção de terras só poderia se dar não mais por determinação do Estado, mas pela via da compra. Entretanto, adiante, os escravos libertos pela Lei Áurea, em 1888, sem nenhuma indenização e sem que houvesse Reforma Agrária, não tiveram acesso às terras, porque não tinham dinheiro para comprá-las.[64]

É ardilosa a trama do sistema manietado por suas elites. Se qualquer um pode comprar a terra e, para isso, é preciso dinheiro, não há racismo na lei. A questão é que o sistema racista forjou o exército de desterrados e despossuídos e dele cobra o que se sabe que ele não tem. Foi dado aos que herdaram riqueza, fortuna, propriedades, representação política nos espaços de poder, acesso às Universidades e o atributo do "mérito", escamoteando privilégios.

---

[64] MOURA, Clóvis. *Dialética Radical do Brasil Negro*. São Paulo: Ed. Anita LTDA, 1994. p. 22.

Foi exatamente para resguardar-se de possíveis surpresas que o bloco de poder escravista criou mecanismos de defesa capazes de preservá-lo e aos seus interesses fundamentais, quando chegasse à conclusão do processo. O que conseguiu com êxito, pois manteve incólume a estrutura da propriedade fundiária e conseguiu resolver o problema da mão de obra importando imigrantes e preservando os ex-escravos como massa marginalizada, reserva de segunda categoria do exército industrial.[65]

A Lei 3.353/1888, em apenas dois artigos, selou o destino dos negros e negras, após quase 400 anos de escravidão, em meia dúzia de palavras: "Art. 1º É declarada extinta a escravidão no Brasil. Art. 2.º Revogam-se as disposições em contrário". Acabou a escravidão, mas não se garantiram emancipação socioeconômica e empoderamento político. Ainda assim, tão seca e limitada, houve quem esbravejasse contra ela. A historiadora Wlamyra Albuquerque informa-nos que:

> Não faltou quem dissesse que a sociedade brasileira estava sendo contagiada pelas "ideias perniciosas do comunismo", o que punha em risco a segurança pessoal e o direito à propriedade. O fantasma da anarquia, da liberdade e do comunismo ganhava a imaginação das elites. Proclamava-se que a preservação da propriedade e da condição senhorial iriam abaixo sob tal ameaça. O ministro, baiano e escravocrata, Barão de Cotegipe, em seu discurso contra o projeto da lei do 13 de maio, previnia a todos que, daí a pouco, "se [pediria] a divisão das terras, já que a propriedade sobre a terra não era um direito natural. Desde 1884 quando se discutiu o projeto de lei elaborado por Rui Barbosa para emancipação dos escravos essas 'ideias perniciosas' povoaram os medos de alguns proprietários de escravos. Naquela ocasião Rui Barbosa foi chamado de 'comunista, incendiário, portador da bandeira vermelha'.[66]

---

[65] Ibidem. p. 102.
[66] ALBUQUERQUE, Wlamyra. *O Jogo da Dissimulação*: abolição e cidadania negra no Brasil. São Paulo: Companhia das Letras, 2009. p. 112.

Como se pode ver, cara leitora, caro leitor, não é de agora que qualquer proposta que represente algum avanço neste país, ainda que venha de setores liberais, é vista como um grave "delírio comunista".

A cidadania na sociedade capitalista sempre foi uma quimera, uma multiplicidade de vivências mediadas pelas contradições entre o capital e o trabalho, o dinheiro, o racismo, o patriarcado e outras opressões que estratificam as experiências humanas, acumulando poder e riqueza nas mãos de poucos e aviltando, empobrecendo, mutilando a autoestima e corrompendo as singularidades de milhões de outras/os. Sendo assim, como não valorizar e reconhecer o papel transformador dos movimentos sociais antirracistas, feministas e LGBTQIA+? São lutas estratégicas que se entrelaçam à luta de classes, lideradas por oprimidas e oprimidos que gritam por liberdade e emancipação.

Enfrentar o racismo é uma tarefa inadiável. Não é possível pensar em outro projeto de organização da sociedade, prescindindo do enfrentamento ao racismo estrutural. A alternativa ao capitalismo é o socialismo. E para derrotar o capitalismo e construir uma sociedade socialista, moderna e atualizada frente aos desafios do novo milênio, num país multirracial como o Brasil, é necessário valorizar e mergulhar nas lutas negra e feminista por emancipação, fazendo delas mais que a luta das pessoas negras e das mulheres. É preciso superar barreiras de gênero e incorporar os negros, as mulheres, a diversidade que constitui a classe trabalhadora às posições de vanguarda do projeto da sociedade vindoura.

Contrariando a visão estreita de quem quer transformar os movimentos antirracista, feminista e LGBTQIAP+ em movimentos particularistas, aqui já apontada, a ativista e escritora estadunidense Keeanga-Yamahtta Taylor, no livro *De #BlackLivesMatter a La Liberación Negra*, revela a importância de lutarmos pelo socialismo como alternativa para a opressão vivenciada pelos negros e negras nos marcos do capitalismo. Ela salienta que, quando o movimento negro se move, desestabiliza toda a vida política nos EUA.

Citando Martin Luther King, Taylor afirma textualmente que "a opressão dos trabalhadores negros expõe a mentira do mito de fundação dos EUA como sendo uma sociedade democrática e livre mais que de qualquer outro grupo social, com exceção dos povos originais (indígenas)".[67] E mais, que "o ativismo político e a rebelião das pessoas negras trazem a mentira à superfície para que todo o mundo veja, colocando em questão a verdadeira natureza da sociedade estadunidense"[68]. Ela resgata a presença dos socialistas, não de maneira marginal, mas como atrizes e atores com

> [...] participação central em importantes movimentos de resistência negra, a exemplo da luta pela libertação dos "Meninos de Scottsboro", condenados injustamente, nos anos 1930, por um crime que eles não cometeram, passando pela Marcha de Washington em 1963, até a organização das/dos Panteras Negras contra a brutalidade policial.[69]

É fato que não foi o capitalismo que inventou o racismo. Tal prática é milenar na divisão e submissão de povos, num jogo de poder entre dominadores e dominados. Porém, como ressalta Taylor, "o capitalismo utilizou o racismo para justificar o saque, a conquista e a escravidão, mas como teria sinalizado Karl Marx,

---

[67] TAYLOR, Keeanga-Yamahtta. *De #BlackLivesMatter a La Liberación Negra*. Buenos Aires: Ed. Tinta Limon, 2017. p. 355.
[68] Ibidem.
[69] Ibidem.

também recorreu ao racismo para dividir e governar; para jogar os setores da classe operária um contra o outro, mitigando a consciência de classe de todos". A escritora também destaca que "Marx é criticado por supostamente ignorar a problemática que envolve as relações raciais, porém resgata as evidências de que o pensador revolucionário seria consciente da centralidade da luta antirracista sob o capitalismo". E segue na sua análise acerca do pensamento marxista, defendendo que "Marx não explanou sobre a escravidão e seu impacto racial, mas escreveu sobre como a emergência do capitalismo europeu estava enraizada no roubo, na violação e na destruição dos nativos, dos sujeitos coloniais e nos escravos negros"[70].

E a socióloga e feminista Mary Garcia Castro chama a atenção para a necessidade de se

> Estimular estudos evitando usos e abusos do conceito de identidade por diferentes autores e filiações políticas e equívocos entre o que seriam políticas de identidade e identidades histórico coletivas na política. Se a primeira perspectiva se afasta dos conflitos de classe, da crítica ao capitalismo para considerar em modelação culturalista direitos de identidades por raça, gênero e sexualidade, tendendo a individualismos, por exemplo, cabe ao debate sobre identidades histórico coletivas na política em perspectiva crítica investir na defesa de que tais identidades como identidades históricas, ou seja, não necessariamente somente restrita a inscrições individuais ou grupais.[71]

Há, portanto, muitas contribuições teóricas para superar a falsa contradição entre luta de classes e lutas identitárias. A luta de

---

[70] Ibidem.
[71] CASTRO, Mary Garcia. "A Questão Identidade: Desafios para o Marxismo-Notas". *Revista Princípios*, n. 157. Disponível em: <https://www.proquest.com/openview/188a784be7954035b3f63e7f05d1ef50/1?pq-origsite=gscholar&cbl=4658971>. Acesso em: 10 jan. 2022.

classes no Brasil, e em todos os países da diáspora negra e indígena nas Américas, é indissociável da luta antirracista. É necessário usar as análises de Marx sobre a escravidão no continente americano para ir mais além e aprofundar sobre o impacto do racismo na identidade do proletariado nesses territórios, principalmente no Brasil.

A esquerda e os partidos políticos democráticos e populares devem considerar a relevância dos movimentos civilizatórios que politizam e expõem aos olhos das ciências políticas a realidade diferenciada vivenciada pelas trabalhadoras e trabalhadores negros e o peso do racismo e do patriarcado no aprofundamento da exploração de classe. Há que se enxergar, por exemplo, as desigualdades salariais baseadas no racismo, a precarização e desvalorização do trabalhador e da trabalhadora negra, as taxas de desemprego que são superiores entre os negros/negras, e a mortandade de negros que há neste país, sobretudo de jovens, vítimas da necropolítica promovida pela máquina estatal, como bem observou Achille Mbembe.[72]

Neste país, o direito de matar do Estado, que tem a polícia como força básica, é altamente exercido e naturalizado. Não por acaso, em tempos de pandemia do coronavírus, negras e negros foram os que menos tiveram acesso à vacina e os que mais perderam emprego ou morreram de Covid-19. Uma pesquisa do Instituto Pólis, realizada no período de 1º de março e 31 de julho de 2020, em São Paulo, apontou que, devido às precárias condições de vida, a população negra foi a mais afetada pela pandemia.

> Homens negros são os que mais morrem pela Covid-19 no país: são 250 óbitos pela doença a cada 100 mil habitantes. Entre os brancos,

---

[72] MBEMBE, Achille. *Necropolítica*: biopoder, soberania, estado de exceção política da morte. São Paulo: Ed. N-1 Edições, 2018. p. 18.

cai para 157 mortes a cada 100 mil. [...]. Entre as mulheres, as que têm a pele preta também morreram mais: foram 140 mortes por 100 mil habitantes, contra 85 por 100 mil entre as brancas.[73]

Que a "raça" (ou, na verdade, o racismo) tenha um lugar proeminente na racionalidade própria do biopoder é inteiramente justificável. Afinal de contas, mais do que o pensamento de classe (a ideologia que define história como uma luta econômica de classes) a raça foi a sombra sempre presente no pensamento e na prática do ocidente, especialmente quando se trata de imaginar a desumanidade de povos estrangeiros – ou a dominação a ser exercida sobre eles. Referindo-se tanto a essa presença atemporal como ao caráter espectral do mundo da raça como um todo Arendt localiza suas raízes na experiência demolidora da alteridade e sugere que a política da raça, em *última análise*, está relacionada com a política da morte. Com efeito, em termos foucaultianos, racismo é acima de tudo uma tecnologia destinada a permitir o exercício do biopoder, este velho direito soberano de matar.[74]

A luta antirracista é, sobretudo, uma luta pela segurança de vida, pelo direito de existir e de garantia da integridade física, psicológica, memorial e da dignidade. E é preciso compreender a diversidade de correntes de pensamento que há nos movimentos sociais, as clivagens étnico-raciais nas classes sociais, na ocupação do poder político e econômico e em todas as dimensões da vida.

Por outro lado, vale também considerar as limitações impostas por visões sectárias de algumas correntes políticas que essencializam as pautas e os corpos que as representam, o que não nos ajuda a construir mais ampla e generosamente um projeto emancipador de nação. A matemática é um componente da política. Portanto, um projeto de nação antirracista e que supere as desigualdades

---

[73] PECHIM, Lethicia. Negros morrem mais pela covid-19. *Faculdade de Medicina da UFMG*. 24 de novembro de 2020. Disponível em: <https://www.medicina.ufmg.br/negros-morrem-mais-pela-covid-19/>, Acesso em: 17 out. 2021.
[74] MBEMBE, Achille. *Necropolítica*: biopoder, soberania, estado de exceção política da morte. São Paulo: Ed. N-1 Edições, 2018. p. 17.

baseadas no gênero precisa envolver não só as pessoas vitimizadas por essa estrutura dinamizadora das múltiplas opressões, mas também envolver brancos, homens, pessoas heterossexuais e cisgêneras que repensem seus privilégios e se proponham a contribuir verdadeiramente com a luta pela emancipação. O que Angela Davis nos esclarece sobre a necessidade de ampliarmos o movimento feminista e antirracista deve ser estendido a outros movimentos.

> Temos que nos livrar do pensamento identitário estreito se quisermos encorajar as pessoas progressistas a abraçar tais lutas como se fossem delas próprias. Com relação às lutas feministas, os homens vão ter que fazer muito do trabalho importante. Gosto de falar do feminismo não como algo que adere aos corpos, como algo enraizado em corpos marcados pelo gênero, mas como uma abordagem – como uma forma de interpretação conceitual, como uma metodologia, como um guia de estratégia de luta. Isso significa que o feminismo não pertence a ninguém em particular.[75]

Tal compreensão coloca em xeque, por exemplo, a visão distorcida do conceito de lugar de fala, a ideia, grosso modo, de que só as mulheres podem falar sobre o feminismo, as negras e negros, sobre o racismo, os LGBTQIA+, sobre as discriminações relativas à orientação sexual. Djamila Ribeiro, uma das teóricas que se dedica ao assunto, afirma que:

> O falar não se restringe ao ato de emitir palavras, mas a poder existir. Pensamos lugar de fala como o ato de refutar a historiografia tradicional e a hierarquização de saberes consequentes da hierarquia social. Quando falamos da existência digna, a voz, estamos falando de lócus social, de como esse lugar imposto dificulta a possibilidade de transcendência. Absolutamente não tem a ver com uma visão essencialista de que somente o negro pode falar sobre racismo, por exemplo.[76]

---

[75] DAVIS, Angela. *A Liberdade é uma Luta Constante*. São Paulo: Ed. Boitempo, 2018, p. 40.
[76] RIBEIRO, Djamila. *Lugar de Fala*. São Paulo: Jandaira, 2019, p. 64.

Mais adiante, a autora sintetiza:

> Assim, entendemos que todas as pessoas possuem lugar de fala, pois estamos falando de localização social. E, a partir disso, é possível debater, refletir criticamente sobre os mais variados temas presentes na sociedade. O fundamental é que indivíduos pertencentes ao grupo social privilegiado em termos de lócus social consigam enxergar as hierarquias produzidas desse lugar e como esse lugar impacta diretamente a constituição dos lugares de grupos subalternizados.
> Numa sociedade como a brasileira, de herança escravocrata, pessoas negras vão experienciar racismo do lugar de quem é objeto dessa opressão, do lugar que restringe oportunidades por conta desse sistema de opressão. Pessoas brancas vão experienciar o racismo do lugar de quem se beneficia dessa mesma opressão. Logo, ambos os grupos podem e devem discutir essas questões, mas falarão de lugares distintos.[77]

Assim, vale o ditado "cada um sabe a dor e a delícia de ser o que é". E é nessa assimetria cristalizada de poder que raça e gênero modulam a geografia das classes sociais.

É interessante mencionar que o Brasil possui a terceira maior população carcerária do mundo, sendo que a grande maioria dos presos é composta de pessoas negras. A polícia brasileira também está entre as que mais matam. Em meio à pandemia, o povo negro se viu enredado numa dança macabra entre o vírus e o tiro. O ano de 2020 foi o mais letal dos últimos tempos, o que prova que distanciamento social e recolhimento domiciliar para preservar a vida, em vez de serem direitos de todas e todos, tornaram-se privilégios de poucos. Dados do Anuário da Segurança Pública, publicado pelo Fórum Brasileiro de Segurança Pública, apontam que 78,9% das 6.416 pessoas que foram mortas por policiais naquele ano

---

[77] Ibidem.

eram negras, a maioria homens e jovens.[78] Desde a chegada do presidente Jair Bolsonaro e seu governo militarizado, que fomenta a proliferação das armas nas mãos de civis, por um lado, e endurece a ação da segurança pública de outro, o discurso de ódio tornou-se uma real licença para matar.

Cada vez que corpos de homens, mulheres, jovens, negras/negros tombam numa operação policial cria-se, nas elites e na classe média, a sensação de segurança, de que a polícia está matando bandidos, portanto, corpos descartáveis, ainda que não exista lei de pena de morte no Brasil. Já para a população negra, que é sistematicamente atingida, a sensação é de dor e injustiça. As justificativas já repisadas de troca de tiros e balas perdidas emitidas pelas vozes autorizadas e representativas da estrutura de Estado são automaticamente aceitas e validadas pelas elites, pelas instituições e mesmo por camadas da classe trabalhadora, que vivem tensionadas entre o necropoder da polícia e o do crime organizado.

Por outro lado, as vozes das famílias e coletividades atingidas, que denunciam o assassinato de muitos inocentes – inclusive, por vezes, crianças – e clamam por justiça são desautorizadas, deslegitimadas, ignoradas ao gritarem suas dores e prantearem seus mortos. Eis aqui um lugar de fala invadido duplamente pela dor do desespero e pela dor do desamparo e descaso. É aí que a presença dos movimentos sociais faz toda a diferença, fortalecendo e ampliando as denúncias desses coletivos.

Desse modo, somar vozes diversas para reforçar solidariamente as lutas é uma necessidade para que avanços maiores possam

---

[78] MELLO, Igor. Letalidade policial é recorde no país. Negros são 78% dos mortos. 15 de julho de 2021. Disponível em: <https://noticias.uol.com.br/cotidiano/ultimas-noticias/2021/07/15/letalidade-policial-e-a-mais-alta-da-historia-negros-sao-78-dos-mortos.htm>. Acesso em: 22 jan. 2022.

acontecer. Mas é diferente de usurpar a representatividade da outra/outro. Cada vez que mulheres negras são ultrapassadas por mulheres ou homens brancos no protagonismo de suas lutas, configura-se uma assimetria provocada por quem, em lugar de apoiar e estimular, deseja ter o privilégio de ser o interlocutor do oprimido e silenciar a sua voz, em vez de encorajá-la, fortalecê-la, empoderá-la.

Analisando o pensamento feminista negro como teoria social crítica, Patricia Hill Collins afirma que

> As dimensões econômica, política e ideológica da opressão suprimiram a produção intelectual das pensadoras feministas negras. Ao mesmo tempo, essas mesmas condições sociais estimularam entre as estadunidenses negras padrões específicos de ativismos que também influenciaram e foram influenciados pelas pensadoras negras. Assim, caracterizando as experiências das estadunidenses negras marcadas por opressões interseccionais, a dialética, entre opressão e ativismo, também influenciou as ideias e as iniciativas das intelectuais negras.[79]

A unidade da classe trabalhadora, sobretudo o proletariado, é imperativa se quisermos derrotar o capitalismo. Mas essa unidade não deve ser buscada sobre bases falsas, sobre o esmagamento de direitos e silenciamento das/dos oprimidas/os pelo racismo estrutural, pelo patriarcado e o sexismo, pela repressão à diversidade de orientação sexual. Há que se radicalizar no cultivo dos laços solidários de classe e na classe, não invisibilizando o racismo, e sim tratando-o, extirpando-o, construindo estratégias de coesão das múltiplas lutas contra a dominação do capital, e a de seres humanos por outros seres humanos, forjando um novo espírito de classe, em que os oprimidos se reconheçam e ativem os laços de solidariedade.

---

[79] COLLINS, Patricia. *Pensamento Feminista Negro*. São Paulo: Ed. Boitempo, 2019. p. 47.

Nesse sentido, é preciso radicalizar a luta democrática, valorizando a diversidade étnica como fator que potencializa o desenvolvimento de uma sociedade multirracial, reconstruída sobre alicerces de genuína igualdade de oportunidades e de reconhecimento dos corpos. Uma sociedade na qual mulheres e homens compartilhem irmanamente o serviço doméstico, ganhem salários iguais para as mesmas funções; em que pessoas LGBTQIA+ não sejam oprimidas pela sua orientação sexual ou identidade de gênero, e sim dignamente incorporadas aos espaços do mundo do trabalho e do desenvolvimento socioeconômico, sem o veto do preconceito; na qual negros, indígenas e brancos sejam igualmente incorporados ao Estado que opera o fim das classes sociais, que caminha na direção da justiça social, do antirracismo, antissexismo e do socialismo.

Somente o socialismo, construído com o protagonismo e a diversidade do povo brasileiro, absolutamente integrado ao antirracismo e ao feminismo, pode subverter a ordem injusta, substituir a lógica do lucro pela lógica do desenvolvimento fundamentado na justiça social e na emancipação humana.

VITÓRIA DE LULA, DA ESPERANÇA E DA DEMOCRACIA

No momento em que me encaminhava para a conclusão deste livro, emergiu o resultado das urnas. Eu fui reeleita deputada estadual com 92.559 votos, sendo a candidatura mais votada da esquerda baiana para o cargo. Foi um crescimento de mais de 60% em relação à votação que obtive em 2018. Nosso comitê explodiu em gritos de alegria! Não imaginávamos que chegaríamos a tanto reconhecimento popular num cenário tão financeirizado, tão agressivo, adverso à pauta das populações negras, dos povos indígenas da equidade de gênero, em que a luta por representação se fez mais renhida. Infelizmente não foram eleitas valorosas mulheres, sobretudo mulheres pretas que também se candidataram. E, embora a campeã de votos na ALBA tenha sido também uma mulher, a deputada estadual Ivana Bastos (PSD), a bancada feminina do legislativo baiano, Nas eleições de 2022, lamentavelmente, a Bahia perdeu duas deputadas estaduais. Nosso estado é um dos nove que diminuíram o número de mulheres nas assembleias legislativas. E em todo território nacional das 1059 cadeiras, apenas 190 deputadas estaduais foram eleitas, o que corresponde a apenas 18%. Ou seja, entre homens e mulheres o abismo da representação política segue profundo.

Já na Câmara Federal, houve crescimento. As parlamentares

saíram de 77 para 91 mulheres o que corresponde a 17% do colegiado. Porém, é uma quantidade de mandatos femininos ainda inferior a 20% e longe dos 30% que equivalem ao piso mínimo de candidaturas de um dos sexos, estabelecido em lei. Ou seja, é necessário trabalharmos para conquistarmos uma nova legislação que institua a paridade de gênero na ocupação de cadeiras no parlamento, casas legislativas e câmaras municipais. Enquanto isso não acontece, é preciso que os partidos envidem esforços para que, nos processos eleitorais, não haja nunca menos de 30% de mulheres eleitas, o que garantiria correspondência entre o piso mínimo que a lei determina sobre candidaturas e os mandatos efetivamente conquistados.

 É motivo de celebração verificarmos que uma pequena, mas luminosa bancada de companheiras fenotipicamente negras, indígenas e também mulheres trans, engajadas nas lutas antirracista, feminista, e na luta LGBTQIA+ conseguiu se eleger. Além das veteranas, Benedita da Silva (PT-RJ) reeleita e Marina Silva (REDE- Pará), que voltou Câmara federal, Talíria Petrone (PSOL-RJ) vai pra o seu segundo mandato. E foram eleitas Carol Dartora (PT- PR), que será a primeira preta a representar o Paraná, e Daiana Santos (PCdoB- RS), ativista lésbica, que se tornou também a primeira mulher negra a ser eleita deputada federal pelo estado gaúcho; Dandara (PT-MG), a mais jovem mineira deputada federal, de 28 anos, e Jack Rocha (PT-ES), primeira mulher preta eleita deputada federal pelo Espírito Santo. O Brasil da luta contra a transfobia vibrou com a chegada das primeiras trans diplomadas deputadas federais: Erika Hilton (PSOL-SP) e Duda Salabert (PDT-MG), presenças políticas, pedagógicas, marcantes, que subvertem a estética do poder.

 Na dança das cadeiras, cujo ritmo põe em risco maior os

mandatos femininos, infelizmente, a deputada indígena Joenia Wapichana (Rede-RR), não conseguiu se reeleger. Mas a bancada das mulheres oriundas dos povos originários conta agora com a ativista ambientalista Sônia Guajajara (PSOL-MG), Célia Xakriabá (PSOL-MG), e Juliana Cardoso (PT-SP). No campo da direita também houve representações autodeclaradas indígenas e negras, que vão na contramão do feminismo, do antirracismo, são altamente conservadoras na agenda dos costumes, entre outras pautas: as deputadas Rosangela Gomes (Republicanos-RJ) e Silvia Cristina – (PL- RO), reeleitas para mais um mandato, e a militar autodeclarada indígena, Silvia Waiãpi (PL-AP), eleita na onda bolsonarista.

Frente ao espectro da sub-representação negra que persiste, é urgente a necessidade de atenção e providências legais em relação ao flagrante ato de violação do direito de representação política desse grupo Étnico-racial, historicamente mantido à margem das esferas de poder. Trata-se de autodeclarações fraudulentas que uma grande parcela de candidaturas brancas fez, com objetivo de burlar a lei e acessar os recursos do fundo eleitoral, que seriam destinados às candidaturas negras.

A lei Eleitoral estabelece que a distribuição de recursos deve levar em consideração o critério étnico racial. Já que pessoas negras são subrepresentadas no parlamento e outros espaços de poder, como forma de incentivar e eleger lideranças negras no processo eleitoral, a lei determinou que, assim como para mulheres, o valor destinado a candidaturas negras seria contado em dobro.[80] Então, vemos entrar em cena a velha malandragem da branquitude, dos

---

[80] BRASIL. EMENDA CONSTITUCIONAL Nº 111, DE 28 DE SETEMBRO DE 2021 – Acesso em 10 de novembro de 2022. http://www.planalto.gov.br/ccivil_03/constituicao/emendas/emc/emc111.htm

que se acham mais espertos e mais merecedores que, ao enxergarem qualquer oportunidade se abrir para as negras e negros, correm para atravessar o caminho e solapar o benefício que seria para corrigir distorções produzidas pelo racismo, usando-o para assegurar seus nacos de privilégios. Pessoas que haviam se autodeclarado brancas em eleições anteriores passaram, descaradamente, a se autodeclarar pardas, em 2022. Uma pesquisa do Poder 360 deu conta de que, dos 527 candidatos que se autodeclararam negros nas eleições de 2022, pelo menos 173 já haviam se declarado brancos em eleições anteriores[81].

Ou seja, ao invés de haver mais promoção de candidaturas negras, houve uma mutação de autodeclarações, já que pretos e pardos são considerados negros, segundo o IBGE. Pessoas que são socializadas como brancas, se declararam pardas, sabotando assim, o critério para ter acesso ao dinheiro. Um caso de repercussão nacional e internacional foi o do ex-prefeito de Salvador ACM Neto. Ele, que foi candidato a governador da Bahia, se autodeclarou pardo, assim como a sua candidata a vice, Ana Coelho. Ocorre que ambos são fenotipicamente brancos, socializados como brancos que não têm suas vivencias interrompidas ou limitadas pelos obstáculos do racismo. Este fato desencadeou uma saraivada de críticas do movimento negro e de setores mais conscientes das lutas democráticas. Alegando a ocorrência de um "equívoco" na sua ficha de inscrição a candidata a vice-governadora, Ana Coelho (Republicanos), solicitou ao TRE (Tribunal Regional Eleitoral) a retificação da sua autodeclaração. Mas o ACM Neto manteve a definição, chegando

---

[81] https://www.poder360.com.br/eleicoes/1-em-cada-3-negros-eleitos-em-2022-ja-se-declarou-branco/

a declarar numa entrevista que "o erro é do IBGE", de considerar que preto e pardo somados compõem a categoria negra. É a audácia da arrogância, a desfaçatez escancarada, que acabaram expondo ao ridículo aquele que está no topo da pirâmide econômico tentando convencer pessoas do povo a escolhê-lo como governante. Posto em xeque pela autodeclaração incompatível com o seu fenótipo, preferiu responsabilizar o órgão técnico de recenseamento.

As autodeclarações fraudulentas, entretanto, ocorreram em diversos partidos, da direita à esquerda, uns mais e outros menos, mas todos que feriram a legislação, devem arcar com as consequências legais. Além de subtrair recursos que deveriam reforçar candidaturas negras e aumentar as suas chances eleitorais, as fraudes resultaram no falseamento dos dados estatísticos sobre números de candidaturas e sobre o número de pessoas negras eleitas. É preciso, portanto, criar novos mecanismos para assegurar a eficácia da lei. Além da autodeclaração, é necessário que sejam realizadas as bancas de heteroidentificação, assim como há nas Universidades em relação às cotas raciais. Também deve haver mais rigor na aplicação das sanções para aqueles que violam a lei. Os partidos políticos, sobretudo os da esquerda, que se propõem a promover a justiça social, não devem se transformar em instrumentos de violação de direitos de pessoas já marginalizadas e subrepresentadas nas estruturas de poder. Os movimentos sociais e as instituições jurídicas devem instar todos os partidos a trabalhar e apresentar ao Tribunal Superior Eleitoral (TSE) planos e práticas de promoção de lideranças negras, indígenas e pessoas trans, além das mulheres, nas suas instâncias de direção e nos concursos de cargos eletivos para os poderes legislativo e Executivo.

Sobre a eleição presidencial, a tática adotada de frente ampla contra as forças neofascistas e de extrema direita, garantiu o melhor desempenho para o candidato da esquerda. A eleição presidencial foi para o segundo turno, com Lula na frente com mais de seis milhões de votos de diferença em relação ao segundo colocado. Fiz a campanha do segundo turno com a mesma garra da nossa campanha no primeiro. Apesar da nossa importante vitória de recondução do mandato, faltava eleger Lula presidente e o professor Jerônimo Rodrigues (PT), governador da Bahia, este que por muito pouco não ganhou no primeiro turno.

Em 2018, Bolsonaro elegeu a maior bancada no Congresso Nacional e também um grande número de governadores. Esta performance eleitoral se ampliou em 2022, o que fez muitos acharem que a vantagem que ele acumulava no congresso poderia resultar na sua reeleição para presidente. Mas Lula saiu vitorioso em 14 estados, contra 12 de Bolsonaro. O petista também manteve sua ampla liderança em toda região Nordeste. É fato, entretanto, que milhões de eleitoras e eleitores do campo democrático e popular ansiavam que a vitória chegasse logo no primeiro turno, considerando todo o mal que o tenebroso governo do capitão fez ao povo brasileiro: empurrando o país para a fome, aprofundando o desemprego e o subemprego, negligenciando a pandemia, retardando a compra das vacinas, tornando-se responsável por milhares de mortes que poderiam ter sido evitadas, entre outros descalabros. E para reavivar a memória lembramos que nas duas vezes em que Lula foi eleito presidente, a vitória veio suada no segundo turno, pois não podemos subestimar o tamanho dos nossos inimigos de classe.

As classes sociais estão permanentemente em luta, são

antagônicas, e qualquer candidato ideologicamente de esquerda, enfrentará a reação furiosa da classe dominante, de direita, seja ela liberal moderada ou ultraconservadora. E há uma parcela da classe trabalhadora capturada pelos valores da direita, reativa à esquerda. Isto cresceu de maneira assombrosa no governo Bolsonaro, sobretudo pela sua aliança com segmentos religiosos fundamentalistas, grupos milicianos e militarizados. A política de manipulação da realidade, através das fakenews e discursos de ódio, atravessou parte do imaginário coletivo, que foi tragado pelo bolsonarismo fascistizante. Na sua narrativa sobre psicopoder, a filósofa Marcia Tiburi se refere a este momento como "... uma guerra ideológica perpetrada pelos braços epistemológicos e deformativos, digamos assim, do poder econômico em seu enlace com o poder político"[82]. Para ela, "o clima delirante em que vivemos é parte fundamental do capitalismo em todas as suas fases. Não se trata de um mero mergulho espontâneo das massas na irraciobnalidade , de uma criação espontânea das narrativas delirantes, muitas das quais , em nossa época estão relacionadas à religião e à sexualidade. [...]"[83]. Tiburi afirma que "se o capitalismo é uma forma de racionalidade perversa que cria delírios em seu favor, ele pode favorecer o enlouquecimento a partir da perda dos seus próprios limites."[84]. Não há como não concordar com essa análise quando nos deparamos com bolsonaristas batendo continência pra pneu, um homem agarrado a um caminhão em movimento, tentando fazê-lo parar com o seu próprio corpo, grupos orando em torno de um tanque de guerra e

---

[82] TIBURI, Marcia. Delírio do Poder: Psicopoder e Loucura Coletiva na Era da Desinformação, ed. Record, Rio de Janeiro, P.24.
[83] Ibdem p. 46
[84] Ibdem

tantas outras cenas bizarras que viralizaram e continuam viralizando nas redes sociais em manifestações dos cegos seguidores radicalizados de Jair Bolsonaro.

Sem querer descambar para o maniqueísmo, mas reconhecendo que na situação em que foi jogado o Brasil é impossível não sê-lo, a campanha travada nas eleições de 2022 teve um perfil de luta do bem contra o mal, um confronto entre dois Brasis: o Brasil de forças nucleadas por um campo democrático e popular, com todas as forças e pautas que buscam o avanço civilizatório e um novo projeto de nação, ainda que reconheçamos que neste time haja também forças da direita liberal que se somam por contradições conjunturais, mas que não estão comprometidas com transformações sociais mais profundas, versus o Brasil do subterrâneo da história, amarrado às suas raízes escravocratas, dos que desconhecem direitos e se aferram aos privilégios de classe, gênero e raça, refutando a luz da verdade e adotando a mentira como argumento político, de maneira violenta e obtusa na tentativa de arrebanhar o povo para o seu projeto de poder.

Há, entretanto, uma diversidade entre os bolsonaristas que devemos analisar melhor como tarefa complexa que nos ajude a traçar estratégias político pedagógicas a médio e longo prazo, enfrentando o fundamentalismo, os medos e estereótipos sobre pautas de costumes e desmistificar o debate sobre a corrupção. Não nos iludamos. Nem todos que votaram em Lula são comprometidos com a justiça social e por um novo projeto de nação. Se não promovermos, como tarefa prioritária das esquerdas, uma maior popularização do debate de ideias políticas avançadas, desconstruindo as fronteiras entre as academias e o povo, ficaremos presas/os às nossas bolhas intelectuais, enquanto as massas estarão vulneráveis aos grupos fundamentalistas e aos manipuladores da fé, que se espalham nos guetos e favelas, instrumentalizando a miséria e a pobreza para manter o sistema de opressão, na sanha desesperada do capitalismo de se autoperpetuar. Não vamos sair facilmente da agenda neofascista trazida por Jair Bolonaro. A serpente já nasceu e tem várias cabeças. Nunca Marx, Paulo Freire, Angela Davis, Carolina de Jesus e outras literaturas de resistência e por novas construções sociais foram tão necessárias nos bancos escolares e nas universidades.

A fantástica fábrica de factoides e falsas narrativas, tendo à frente Carlos Bolsonaro, o Carluxo, o número 2, assim identificado por seu pai, entre os demais filhos que são enumerados como uma tropa, seguiu inundando grupos de WhatsApp, facebook e telegram. A indústria de fakenews, orquestrada pelo estadunidense Steve Banon, se espalhou como rastilho de pólvora no Brasil, desde a eleição do capitão, em 2018. Um grande empreendimento monetizado e de alcance incalculável. As medidas encampadas pelo Tribunal Superior Eleitoral (TSE) e outras instituições não foram capazes de fazer frente à onda avassaladora de mentiras como instrumento de manipulação político-eleitoral. Para a extrema direita o que importa mesmo é criar factoides, maltratar a verdade e massificar mentiras, sustentando a guerra de versões, alimentando permanentemente sua massa de seguidores desinformados e acríticos, sempre prontos a acreditar em qualquer coisa contra seus adversários políticos ou pessoas que expressam opiniões diferente deles.

No segundo turno, a tropa bolsonaristas, em geral, escutou o toque de avançar. Os mais cegos seguiram seu líder como gado ao som de um berrante. E ampliou a tática do vale tudo pra tentar ganhar o governo a qualquer preço. Centenas de empresários, de diferentes ramos, sobretudo do agronegócio promoveram assedio eleitoral, chantageando seus funcionários a votar no capitão, sob pena de perderem o emprego. A ruralista Roseli Vitória Martelli Dagostini Lins[85] é uma das que realizaram essa ação ilegal e desesperada. Residente em Ribeirão Preto (SP), ela gravou um vídeo incitando seus colegas do agro a demitirem funcionários que votassem em Lula. O MPT abriu inquérito e Lins teve que assinar um Termo de Ajustamento de Conduta, se comprometendo a não mais praticar assédio eleitoral.

Já o fazendeiro baiano Adelar Eloi Lutz teve um áudio vazado, onde ele afirmava que demitiu funcionários que não votaram em Lula no primeiro turno. Lutz chegou ao ponto de sugerir que as mulheres funcionárias de sua empresa colocassem "o celular no sutiã" para filmar o voto na urna eletrônica e comprovar que cumpriram sua determinação, num explicito resgate do voto do cabresto, antiga prática dos coronéis da velha República. O MPT apurou a veracidade do áudio e o empresário acabou admitindo a prática de assedio eleitoral. Ele foi multado em R$ 150.000, 00 (cento e cinquenta mil reais), por causar danos morais coletivos e teve que publicar uma retratação pública. O fazendeiro gravou um vídeo assumindo que o voto é secreto e um direito dos trabalhadores que não pode ser violado pelo patrão.

Abuso de poder econômico, misoginia, racismo e homofobia e até a prática de pistolagem foram recorrentes no campo

---

[85] G1. MPT apura caso de assédio eleitoral na Bahia; patrão é suspeito de orientar funcionárias a colocar celular no sutiã para filmar voto. 18/102022.

bolsonarista, que contribuíram com a degradação do ambiente eleitoral de maneira jamais vista, nestes últimos 30 anos.

No primeiro debate entre os presidenciáveis realizado pela BAND, a jornalista Vera Magalhães foi duramente atacada pelo presidente da República e candidato a reeleição, Jair Bolsonaro, ao apresentar a seguinte pergunta: "A cobertura vacinal está despencando nos últimos anos. Em que medida que a desinformação difundida pelo presidente pode ter agravado a pandemia de covid?" Foi o bastante para que Bolsonaro, como lhe é peculiar, esbravejasse uma série de impropérios sobre Magalhães. "você parece que 'dorme pensando em mim, você tem uma paixão por mim. Você é a vergonha do jornalismo brasileiro', disse o candidato em rede nacional. O "Mito", como é chamado por seus seguidores, cultua mitos como o de ser "imbrochável", ofende mulheres tão gratuitamente que suscita dúvidas nos olhares mais acurados se ele é resolvido com sua masculinidade ultratóxica ou se secreta questões que deveriam ser tratadas no divã de uma analista. Não há como esquecer a resposta do macho viril racista, quando a artista Preta Gil perguntou num programa de TV o que ele faria se um dos seus filhos se apaixonasse por uma negra. Na época, o então deputado Bolsonaro vomitou o seu racismo tórrido: "Ô, Preta, eu não vou discutir promiscuidade com quem quer que seja. Eu não corro esse risco. E meus filhos foram muito bem educados e não viveram em ambiente como, lamentavelmente, é o teu". É por essas e tantas outras violências de gênero e discriminação racial que o eleitorado feminino e negro deu a Lula a maior vantagem. Se dependesse, sobretudo das mulheres, Lula teria vencido no primeiro turno, como apontavam deferentes institutos de pesquisa.

E o teatro dos horrores parecia não ter fim. No segundo turno, a ministra do supremo, Carmen Lúcia foi duramente atacada pelo ex-deputado Roberto Jeferson, na sua condição de mulher, por ter votado a favor de impedir a veiculação, no período eleitoral, do documentário "Quem mandou matar Jair Bolsonaro?", da produtora Brasil Paralelo, que traz uma série de acusações infundadas e mentirosas em relação ao presidente Lula, e que poderia distorcer a opinião do eleitorado. Ao dar seu voto, Carmen Lúcia citou que a decisão seria uma excepcionalidade para que o tribunal não incorresse em censura.

A ministra foi chamada de "Carmen Lúcifer" e "Bruxa de Blair", pelo ex-deputado Roberto Jeferson. Para completar, provocando perplexidade, indignação e repulsa em todas as pessoas minimamente comprometidas com os direitos humanos e a valorização das mulheres, no auge da sua violência misógina, o prisioneiro disse que a ministra "Lembra mesmo aquelas prostitutas, aquelas vagabundas arrombadas, que viram para o cara e dizem: 'benzinho, nunca dei o rabinho, é a primeira vez'[86]. Bolsonaro é, sem dúvidas, uma força de atração dos seres mais abjetos, misóginos e asquerosos deste país, embora nem todo seu eleitorado assim o seja.

A resposta a tanta violência verbal, simbólica, de milícia digital veio com a determinação do ministro Alexandre de Moraes, presidente do TSE, de que Roberto Jeferson, que cumpria pena de prisão domiciliar no inquérito das "Milicias Digitais", mas agia reiteradas vezes violando as medidas cautelares, fosse transferido de sua residência para o presídio de Bangu 8.

Jeferson recebeu os agentes policiais federais como um

---

[86] Expressão das mais repulsivas e misóginas, diz Weber sobre Jeferson. Poder 360, em 22 de Outubro de 2022.

pistoleiro de filme de faroeste. Ele mesmo confessou que disparou mais de 50 tiros e lançou três granadas, de uso restrito do exército. Uma agente foi alvejada e um delegado, também. Entretanto, a rendição do criminoso só se deu depois de oito horas de negociação. E pasmem, com direito a assistência do ministro da Justiça, entrada de civis na residência dele, como num movimentado chá da tarde. A arma usada por Jeferson foi entregue à polícia por um sujeito que ficou conhecido como padre Kelmon, seu correligionário de partido, figura bizarra que atuou como uma espécie de dublê de candidato a presidente pelo PTB, substituindo o ex-deputado, que estava judicialmente impedido. Tudo isso compôs uma cena de tamanha permissividade policial e jurídica jamais adotada contra prisioneiro comum. Câmeras flagraram um Bate-papo descontraído do criminoso com o policial da PF que entrou em sua casa para realizar sua prisão.

O episódio repercutiu dentro e fora do Brasil, felizmente causando impacto muito negativo em parte menos manipulável do eleitorado de Jair Bolsonaro. [87]

Para completar o cenário belicoso, a deputada Carla Zambelli, após uma discussão de rua, em que se sentiu ofendida pelo jornalista Luan Araújo, um homem negro, eleitor de Lula, a parlamentar da extrema direita e sua equipe perseguiram, com arma em punho, o jornalista. Um segurança chegou a atirar. Luan correu e Carla sacou sua arma e entrou numa lanchonete, atrás dele. Apontando a arma pra cabeça do negro alvo, ela o obrigou a deitar no chão e pedir desculpas. E só depois que um de seus assessores conseguiu

---

[87] Por que Roberto Jeferson foi preso? Entenda o passo a passo até o uso de granada. Por Davi Medeiros, em 24/10/2022, jornal Estadão.

convencê-la, ela baixou a arma e a situação foi contornada. Carla tentou justificar sua violenta, alegando ter sido empurrada pela vítima. Mas logo a farsa foi desmontada por um vídeo feito pelo jornalista Vinicius Costa, que viralizou nas redes sociais, mostrando que o rapaz perseguido por Zambelli, não a agrediu fisicamente. O desentendimento havia sido verbal. Ela chegou a cair, sim, mas por ter se desequilibrado sozinha, quando tentava correr atrás dele.

A deputada praticou crime de ameaça e violou a Resolução do Tribunal Superior Eleitoral (TSE) nº 23.669, de 2021, que no seu artigo 154-A, proíbe o transporte de armas e munições, em todo o território nacional, por parte de colecionadores, atiradores e caçadores no dia das eleições, nas 24 horas que antecedem o pleito e nas 24 horas que o sucedem. Em entrevista à CNN a deputada fez escárnio do TSE. Declarou que ignorou a resolução deliberadamente: *"A resolução é ilegal, e ordens ilegais não se cumprem. Eu conscientemente estava ignorando a resolução e continuarei ignorando a resolução do senhor Alexandre de Moraes, porque ele não é legislador. Ele é simplesmente presidente do TSE e membro do STF. Ele não pode em nenhum momento fazer uma lei. Isso é ativismo judicial"*[88], afirmou Zambelli.

O caso em tela mostra embate desigual entre um homem negro e uma parlamentar branca. Vários veículos de comunicação repercutiram que Luan teria feito uma provocação machista contra a deputada, o que teria desencadeado o conflito. Na cena, a raça se sobrepôs ao gênero. Ela demonstrou quem manda e subjuga. Exacerbando suas prerrogativas de parlamentar e pondo a vida

---

[88] https://www.cnnbrasil.com.br/politica/zambelli-diz-ter-ignorado-conscientemente-resolucao-do-tse-sobre-porte-de-armas/

dele em risco mortal com a ostentação de uma arma de fogo. O erro de Luan jamais poderia ser justificado com o racismo belicoso de Carla Zambelli.

No domingo da eleição a esperança foi torturada pela agonia. A truculência tentou embolar o meio de campo. O governo Bolsonaro se utilizou da Polícia Rodoviária Federal (PRF) para tentar impedir o deslocamento do eleitorado mais pobre, que votava em Lula, intensificando a fiscalização dos veículos de transporte coletivo. As operações se concentraram principalmente na região Nordeste. Em Jacobina, o prefeito Tiago Dias, do meu partido, o PCdoB, exigiu a retirada de uma blitz da PRF, que estava violando a determinação do ministro Alexandre de Moraes (TSE) de que ninguém fosse impedido de exercer o seu direito de votar.

Eu própria sofri violência política quando me dirigia ao meu local de votação, em Salvador, na escola Henriqueta Martins Catarino. Dois policiais militares, nitidamente bolsonaristas, ameaçaram a mim e ao grupo de militantes que portavam bandeiras de Lula e do candidato a governador Jerônimo Rodrigues, que me recepcionou quando me aproximei do colégio. Um dos policiais esbravejava a ameaça de voz de prisão e investiu sobre nós, tomando as bandeiras das mãos das pessoas, inclusive de uma mulher que carregava sua filha no colo. Quando eu reagi dizendo que conhecia a lei eleitoral e que ela não proíbe que o eleitor use bandeiras e camisetas alusivas aos seus candidatos, e que a atitude dele parecia a de um bolsonarista, ele disse: "sou bolsonarista porque não voto em ladrão?" E eu lhe perguntei quem era o ladrão. Exigi que ele dissesse quem seria o ladrão. Seu colega afirmou que Lula era o ladrão. E os dois passaram a afirmar que sim, Lula era um marginal e que eles, como policiais não votavam em marginal. A máscara caiu, o ódio se estampou, o uso das armas e das fardas em serviço para intimidar o eleitorado de Luís Inácio Lula da Silva ficou explicitado nas palavras e ações daqueles trabalhadores da segurança pública machistas, de consciências de raça e classe deformadas. Minha família, que me acompanhava, pois almoçaríamos após eu registrar o meu voto, ficou aterrorizada com o conflito. Minha mãe de 88 anos testemunhou aflita toda aquela situação, com medo de o pior acontecer, saiu do carro com seus passos lentos, angustiada com os limites do seu corpo idoso, que a impediam de me defender, como ela mesmo disse. Testemunhas filmaram e o vídeo viralizou rapidamente nas redes sociais, repercutindo nos órgãos de imprensa. Quando consegui entrar na escola e depositar meu voto na urna, tive uma crise de choro, por estar impactada pela tirania dessa gente estupida, que quis deter o que nos resta de democracia. Por um momento pensei em Marielle Franco, na prisão injusta de Lula, em Zambelli apontando a arma pra Luan, em mestre Moa e chorei muito profundamente. Quando parei, parecia que tinha tirado um peso de cima de mim. Até as dores da minha hérnia de disco, que me perturbavam há mais de vinte dias, desapareceram. Foi um pranto catártico.

    Já era noite quando saí da Corregedoria da Polícia Militar, onde registrei a ocorrência. A apuração já estava acontecendo. Durante muito tempo Bolsonaro ocupou a dianteira. Alguém tuitou divertidamente: "Espera que o Nordeste tá se arrumando." E foi chegando com mais força o voto do povo nordestino, suplantando o eleitorado classista, racista e fascistizado das fazendas do sul e de boa parte do Sudeste. Minas fez bonito, se reconciliando com a agenda da democracia. E a vitória de Lula se configurou nos braços de 59.563.912 eleitoras e eleitores que nele depositaram seus votos de esperança num Brasil livre da extrema direita. Foram 50,83% dos votos válidos. Vitória apertada, mas com imensa sensação de alívio. Mais da metade do país estava em festa. Os gritos de alegria que estavam presos nas gargantas de muitas e muitos foram prazerosamente liberados! Corri até o Palácio de Ondina para abraçar o governador eleito, Jerônimo Rodrigues (PT). Diferente dos tiros de 2018, o barulho dos fogos foram ouvidos em todo o país, como numa festa de réveillon ou São João, antecipado. A democracia, ainda que nos marcos do neoliberalismo, cercada pelo racismo e as iniquidades de gênero, venceu o neofascismo, com aliança ampla e força popular.

 A vitória de Lula repercutiu no mundo inteiro, diversos países se congratularam, quase que de imediato com Luís Inácio Lula da Silva, nosso novo presidente, num movimento rápido de reconhecimento e validação do processo eleitoral, demonstrando que não aceitariam as tentativas de Bolsonaro e seus seguidores de tumultuar e negar a lisura da eleição. O dia seguinte nasceu mais feliz, apesar dos brutos e violentos continuarem com sua sanha paranoica tentando retroceder a roda da história. O bolsonarismo tentou fazer no Brasil o que Trump fez nos EUA, quando contestou violentamente o resultado eleitoral por ter perdido na urna. Aqui, caminhoneiros promoveram bloqueios de rodovias, grupos extremistas propuseram intervenção militar numa histeria coletiva jamais vista em nenhum processo eleitoral. Acampamentos foram montados na frente dos quarteis, grupos faziam saudações nazistas, crianças foram usadas como escudo humano contra a ação policial que tentava, em alguns lugares, os bloqueios e outras inúmeras situações bizarras nos revelam o quão delirante, violento e perigoso é o projeto bolsonarista. Estavam abertamente indo para o vale tudo, inclusive conspirando em favor de um golpe de Estado.

Tais manifestações soaram como uma alerta de que a vitória de Lula nos assegura o comando da democracia representativa, no Executivo, mas seu mandato discorrerá num campo minado, já que a máquina e as instituições públicas estão contaminadas por essa força de extrema direita, derrotada nesta que alguns chegaram a chamar de "a eleição das nossas vidas".

Lula tomou posse no dia 1 de janeiro, num ato político lindo e generoso, que assisti, em Brasília, com lágrimas de emoção e felicidade. O ex-presidente Jair Bolsonaro se recusou a passar a faixa presidencial e fugiu do país, refugiando-se em Orlando, nos EUA. Evadiu-se não só por não reconhecer a derrota para o seu adversário, mas também porque perdeu o foro privilegiado e teria que responder judicialmente por diversos crimes de que é acusado.

O melhor de tudo é que Lula recebeu a faixa presidencial das mãos do povo. Uma comissão de pessoas comuns, estampando a mais popular do povo brasileiro, carregadas de esperança e fé na democracia em construção passou a faixa para o nosso presidente eleito, diplomado e empossado. Lula e sua companheira Janja, a primeira dama, subiram a rampa junto com o cacique Raoni, a catadora de material reciclável, Aline Souza, o menino Francisco Carlos do Nascimento e Silva, nadador do Corinthians, o professor Murilo de Jesus, a cozinheira Jucimara Santos, o metalúrgico Weslen Rocha, o influenciador digital da inclusão de pessoas com deficiência, Ivan Baron, e o artesão Flávio Pereira, este representando todas as pessoas que estiveram no acampamento Lula Livre, em frente ao presídio em

Curitiba, nos 500 dias em que o maior líder da esquerda brasileira e da América-Latina cumpriu pena injustamente, em 2018 e 2019. A cadelinha Resistência, que conviveu com os acampados também foi incorporada ao ritual democrático, emblemático que reconectou o Palácio do Planalto com o povo brasileiro.

No dia 8 de janeiro, a extrema direita ousou avançar numa tresloucada tentativa de golpe de Estado. Nunca se viu algo semelhante ao que houve na ação violenta de assalto aos Tres Poderes, em Brasília, quando grupos bolsonaristas invadiram o Plácio da Alvorada, o Supremo Tribunal Federal (STF) e o Congresso Nacional, destruindo tudo que viram pela frente. De repente estávamos assistindo, em tempo real, pela tv e redes sociais, um movimento de barbárie e vandalização do patrimônio público, cujo objetivo era desbancar Lula do poder, fechar o congresso e destituir os juízes do STF. Uma ação aparentemente desvairada, mas que contou com a conivência, a leniência, a cumplicidade da Polícia do Distrito Federal (DF), responsável pela guarda da Praça dos Tres Poderes. Numa performance digna de uma película surrealista, policiais foram flagrados pelas câmeras de TV, sorridentes, tirando selfies com os golpistas, outros conversando e até orientando a caminhada destrutiva e antidemocrática dos invasores. Uma gravíssima e inaceitável conivência de agentes da segurança pública com as ações de quebra da institucionalidade, a tentativa de derrubada de um governo eleito.

O governo agiu com firmeza, embora tenha sido nitidamente surpreendido com a tentativa de golpe. O secretário Executivo do Ministério da Justiça, Ricardo Capelli,, foi designado a atuar como interventor Federal na Secretaria de Segurança Pública do DF. Isto porque o secretário de Segurança Publica do DF, estranhamente ausente e fora do país no dia dos ataques, o bolsonarista Anderson Torres, teve que ser exonerado do cargo e o **Ministro Alexandre de Moraes** determinou sua prisão por suspeita de envolvimento no Golpe de Estado, entre outras graves acusações. Moraes também determinou a prisão do comandante da Polícia Militar (PMDF), coronel Fábio Augusto Vieira, que também havia sido exonerado do cargo por omissão e negligencia frente aos atos golpistas. Mais de 900 pessoas foram presas, acusadas de participação no ataque aos Três Poderes. Os processos seguem e a necessidade de punição exemplar (e não é um clichê) é o mínimo que podemos exigir para que a minoria que orquestrou esses ataques por não aceitar o resultado da eleição presidencial seja definitivamente desencorajada a continuar sabotando a democracia e causando prejuízos incalculáveis ao desenvolvimento do país.

Não só na canção, mas na vida real é preciso estar atento, atenta aos sinais. Pouco antes, já na diplomação de Lula, bolsonaristas tocaram fogo em ônibus, plantaram uma bomba num caminhão, que felizmente foi descoberta a tempo de evitar a explosão, entre outras ações reveladoras de que algo muito ruim e ainda maior poderia acontecer, e aconteceu. A mensagem do amor venceu o ódio, tão divulgada nas redes sociais, não é inteligível pra quem se orienta a partir de ideias fascistizantes, truculentas e autoritárias. Lula foi eleito para reconstruir o Brasil, mas a intolerância, a narrativa ludibriante, de falseamento da realidade e os atos belicosos da extrema direita, tenta, a todo custo, destronar o governo.

É preciso desarmar as bombas, elevar a luta de ideias na sociedade brasileira, mergulhar nos movimentos sociais que precisam ser ainda mais fortalecidos para disputarmos mentes e corações do nosso povo.

Basta olhar para a composição do novo governo e já se nota uma profunda diferença em relação àquele para quem o povo virou a página da história. No governo Lula, que tanto assusta a extrema direita, mulheres já são 30 % do primeiro escalão. Entre elas, negras, indígenas, nordestinas assumem protagonismo em pastas importantes, embora ainda não tenhamos quebrado o tabu na ocupação do Ministério da Fazenda, da Casa Civil ou das Relações Institucionais. A engenheira eletricista Luciana Santos, nordestina e negra, tornou-se a primeira mulher a assumir o Ministério de Ciência e Tecnologia, a cantora Margareth Menezes, é a primeira mulher negra a exercer o cargo de ministra da Cultura, a psicopedagoga e ambientalista Marina Silva, retornou ao cargo de ministra do Meio Ambiente, a jornalista Anielle Franco, irmã da inesquecível Marielle Franco, foi nomeada ministra da Igualdade Racial e a professora e ativista Sônia Guajajara, assumiu o comando do Ministério dos Povos Indígenas. Estas, entre outros nomes, são gestoras de forte penetração no movimento popular. Sendo este um governo de frente ampla, deve ter na sua composição a liga com os movimentos sociais, a classe trabalhadora, as mulheres, negras e negros, povos originários indígenas, pessoas trans, na composição de um governo verdadeiramente novo e capaz de quebrar a monotonia das composições circunscritas aos tradicionais homens brancos, líderes partidários, que costumam hegemonizar o poder, sobretudo aqueles do chamado centrão, que cobram altas faturas em nome da governabilidade, mas não devolvem ao governo a capacidade plena de realização de políticas sociais estruturais que qualifiquem a vida do povo, dos muitos e muitas que têm fome e múltiplas necessidades que foram ignoradas ou pioradas durante o período bolsonarista. A frente ampla é fundamental de ser preservada pós eleição, na constituição da experiencia governamental, mas é preciso garantir que novas práticas políticas possam nos levar a consolidar a vitória e desenvolver um projeto mais avançado e mais plural para o país.

É preciso ousar fazer a diferença, incorporando ao novo governo a inteligência e experiência diversa que fomos capazes de acumular. Há que se trabalhar pela garantia dos direitos econômicos, sociais, educacionais, os direitos humanos da população, sobretudo das/dos mais despossuídas/dos, as mulheres, a classe trabalhadora urbana e rural, os negros, nossos povos originários, os brancos pobres, as pessoas LGBTQIAP+ pra que se ergam num movimento de pertencimento a um novo projeto de nação. E disseminar uma profunda compreensão de que a democracia é indissociável da justiça social e de um modelo de poder antirracista que espelhe a face diversa e potente do povo brasileiro.

CONSIDERAÇÕES FINAIS

O meu lugar de fala sobre processo eleitoral é de quem vive os desafios de ser mulher e negra, que ousa se colocar fora do lugar que o sistema programou para mim e para as minhas semelhantes. Nós mulheres negras somos diversas, mas, ao mesmo tempo, temos em comum o desafio de lidar com o racismo em nossas vidas. Por outro lado, uma resistência ancestral nos une e alimenta nossas existências. O feminismo negro é uma força planetária que se move como correnteza. Quanto mais mulheres negras se incorporam, mais forte será o fluxo derrubando barreiras e tomando lugares onde nunca imaginavam que estaríamos.

Uma eleição não pode ser avaliada a partir da fotografia do momento em que ela acontece. É preciso considerar que as candidaturas brancas e não brancas têm trajetórias diferentes e desiguais. Vimos neste livro, que compartilho com vocês, que os herdeiros da branquitude são posicionados frente ao exercício do poder com privilégios historicamente acumulados e consolidados, enquanto as pessoas negras e povos originários seguem, por séculos, em absoluta desvantagem.

O caminho das mulheres e das mulheres negras na política sempre foi tortuoso. Até o nosso direito de votar se deu tardiamente, e tem menos de cem anos. Diferente de muitas mulheres brancas que adentram os espaços de poder catapultadas por seus sobrenomes, sobretudo quando são primeiras damas, esposas de governantes e prefeitos, as mulheres negras não trazem em seus sobrenomes a hereditariedade do poder, que alavanca representações políticas. Nosso caminho até as esferas de representação é pavimentado de baixo pra cima, nas lutas coletivas, enfrentando o racismo cromático que elimina com muito mais eficiência as chances eleitorais para as mais pretas, as retintas. Embora não goze de prerrogativas legais, o primeira-damismo assumiu status de institucionalidade, e muitas mulheres brancas, que também enfrentam o sexismo e o ideário de que seu lugar é no lar, nos cuidados e ações de beneficência, encontram nele a ponte para o poder que lhe é negado pelos caminhos convencionais da vida pública. Quanto a nós mulheres negras, de maneira geral, não costumamos gozar de privilégios determinados pelo familismo patriarcal, nem na política nem como forma de ascensão econômica.

Sob o comando de Jair Bolsonaro, o ambiente político brasileiro tornou-se ainda mais asfixiante. O machismo, a violência contra pessoas de orientação sexual não hetero, o racismo desavergonhado foram ainda mais encorajados. O Brasil deu uma colossal marcha à ré, em termos civilizatórios. Mas a resistência das mulheres e das mulheres negras e indígenas, das urbanas e as rurais também se pôs de pé, de maneira firme, articulada e com pauta política democrática e transformadora.

A vitória de Lula foi fruto de uma necessidade histórica, que uniu amplas forças. As nossas digitais feministas e antirracistas deixaram marcas indeléveis no processo eleitoral, através das lutas de rua dos movimentos sociais e dos comitês populares da campanha presidencial. Uma vitória que devolveu ao país o oxigênio político, que retomou o Brasil das garras da tirania oficializada, do obscurantismo, da estupidez, da truculência, de uma vilania cafona e tosca, que estava entronizada na presidência.

O governo de Jair Bolsonaro foi devastador, em todos os campos. Uma força política reacionária que deflagrou uma verdadeira guerra cultural e ideológica no país, potencializou as redes de ódio, impondo uma agenda de desmontes que afetou a educação, a cultura, a ciência, ampliou e banalizou a violação dos direitos humanos, sobretudo das pessoas negras, dos povos indígenas, das mulheres, das pessoas LGBTQIAP+ e pessoas com deficiência, de toda a classe trabalhadora e sua diversidade de composição. Mas, mesmo depois de derrotado, o legado da beligerância bolsonarista segue vivo e provocando estragos. Aumentaram no Brasil os crimes de ódio, os ataques a escolas, entre outras situações de violência letal como forma de solução de conflitos, assim normalizando a barbárie.

Para que as medidas de maior potencial transformador pudessem ser tomadas por Lula, nosso novo presidente eleito, a correlação de forças do Congresso Nacional deveria ser também mais alinhada perfil verdadeiramente democrático e de esquerda do governante. Em vez disso, temos pouco mais de 120 mandatos politicamente e ideologicamente identificados com o projeto encabeçado por Lula. Muita gente que votou em Lula votou em deputados ou deputadas, senadoras e senadores contrários a ele. O chamado "centrão", grupo de parlamentares de direita, tem o comando da Câmara dos Deputados e do Senado, o que obriga o Executivo a ter que negociar cada projeto do seu programa de governo que esse mesmo povo elegeu nas urnas. E como a maioria dos parlamentares representa os interesses da classe dominante e não os interesses emancipatórios da classe trabalhadora, dos negros, das mulheres, dos pobres, das pessoas LGBTQIAP+ estes segmentos vêm negligenciadas suas pautas de mudanças estruturais.

Compreendi cedo que politica também é matemática. Sem uma correlação de forças majoritária, não há como vencer nossos adversários e seus projetos conservadores. E também é preciso compreender que eleição não é revolução. Não é porque o presidente Lula é de esquerda que terá ele o poder monocrático de realizar as politicas estruturais que esse país precisa, em termos de desconcentração da renda e geração de trabalho decente, de construção de um projeto soberano de nação, de desmilitarização e unificação das policias numa perspectiva de segurança pública cidadã e antirracista, na implementação da agenda integral dos direitos sexuais e reprodutivo das mulheres, sua autonomia, liberdade e direito a uma vida sem violência ou de avançar numa agenda de anticapacitismo e de inclusão de pessoas com deficiência. Para que tais mudanças ocorram na vida real e concreta é preciso elevar a consciência coletiva para revolucionar a sociedade, os costumes e a composição do por em todas as instituições.

Quando abordamos, neste livro, a questão da imagem das mulheres negras, é porque sabemos que, ao fechar os olhos e pensar em alguém em posição de liderança, não é a mulher negra a primeira a emergir nas mentes da população, em geral, tampouco dos eleitores e eleitoras. E, mesmo quem conseguiu passar no seletivo funil imposto pelo sistema, se depara frequentemente com a sua posição posta em dúvida. A população foi treinada para associar a imagem de líder ao homem branco. Raça, classe, gênero, orientação sexual, entre outras dimensões, decididamente, caminham entrelaçadas. Se 75% da população mais pobre é negra, a minoria negra que participa da classe média ou rica será vista como fora do lugar e confundida com os pobres e marginalizados. E os brancos pobres, que são uma pequena parcela, misturada nesta pobreza tão enegrecida, serão considerados como fora do seu lugar comumente de riqueza, alicerçados pelo complexo de superioridade racial, do meio ao topo da pirâmide socioeconômica onde são majoritários. Assim, mesmo pobres, os brancos usufruem do poder da imagem. Conheci um motorista que relatou que, por ser branco, frequentemente é visto como alguém que tem status social elevado. Já as pessoas negras, mesmo quando fazem parte de uma minoria rica ou de classe média, correm o risco de serem diminuídas, rebaixadas, convidadas a voltar para o subsolo da pirâmide socioeconômica, pela lente do olhar racista. Um branco, ao lado de um carro de alto luxo, será geralmente considerado o proprietário, mesmo que o veículo não seja dele. Uma pessoa negra, por sua vez, tem uma grande chance de ser confundida com um assaltante, mesmo sendo a dona do carro. São inúmeros os casos de mulheres negras e homens negros, pessoas honestas, que perdem a vida porque foram vistas como marginais e sentenciadas a serem eliminadas, à margem dos códigos legais. Classificadas abaixo das expectativas que foram forjadas sobre quem deve exercer o poder econômico ou político, ganham status de descartáveis. A imagem de uma mulher negra, frequentemente associada à ideia de subalternidade, tem sido resignificada numa perspectiva afirmativa pelos movimentos sociais e partidos políticos.

É muito comum, na política, vermos homens com discursos

produzidos contra o machismo e o racismo, a cada 8 de março, Dia Internacional da Mulher, ou no 20 de novembro, Dia Nacional da Consciência Negra. Contudo, assim como um ator, revela-se muito diferente na vida real daqueles personagens que ele interpreta num palco de teatro, não raro estes homens assumem práticas políticas cotidianamente machistas, misóginas e racistas, portanto, na contramão da palavra dita. O mesmo ocorre com muitas feministas brancas que, na relação política com mulheres negras, não querem abrir mão dos seus privilégios, mantendo a assimetria de raça e classe no gênero. Mandam facilmente às favas a empatia e a sororidade que marcam seus discursos politicamente corretos para plateias engajadas. Mas o antirracismo e o feminismo não são artifícios de retórica. São estratégias de emancipação, que só se realizam através de uma prática verdadeiramente transformadora, generosa, que nos impõe a vigilância cotidiana sobre as nossas atitudes e escolhas.

Em vista disso, para que as mulheres negras, indígenas e pessoas trans avancem contra a sub-representação política, é preciso que quem tenha privilégios de raça e classe numa sociedade heteronormativa, mas atua em lutas democráticas, não se converta em obstáculo ao fortalecimento e emancipação dessas mulheres. É absolutamente necessário que além da luta justa encampada pelos movimentos antirracistas e de combate à transfobia, sejam constituídas redes de apoio ao empoderamento e à mobilidade social e política das mulheres negras, indígenas e trans, incorporando também a participação de pessoas brancas e outras que não sofrem determinadas discriminações que queiram contribuir genuinamente para que as mulheres, na sua diversidade, tenham vez e voz para exercer sua capacidade de liderar processos que expressem interesses dos grupos subalternos por uma sociedade de emancipação.

As reflexões aqui desenvolvidas requerem mais atenção de outras companheiras que têm suas experiências em processos eleitorais e de cientistas políticas sobre como o racismo impacta os caminhos de todas nós, mulheres negras, em direção aos poderes no sistema democrático liberal vigente no Brasil e as estratégias que devem ser adotadas para o empoderamento que alcancem as pretas, as mais retintas e mais alijadas. Mais do que constatar a sub-representação, é preciso encontrar mecanismos inovadores, novas formas de dialogar com o povo, desconstruir o racismo no imaginário coletivo para ampliarmos as oportunidades das mulheres negras na política. E vale reiterar, esta não é uma tarefa apenas da militância negra. É preciso incorporar outras vozes, inclusive de pessoas brancas comprometidas com novas perspectivas civilizatórias para a sociedade. Vale destacar que muitas e muitos brancos votam em pessoas negras. Se os negros e negras são minoria nos EUA, por exemplo, e Obama virou presidente é porque outros segmentos, a exemplo dos latinos, os brancos mais conscientes, se associaram a ele e suas pautas que obviamente não se circunscreviam à questão racial. Esse tipo de experiência não deveria ser exceção nas Américas.

No Brasil, as mulheres negras precisam ser vistas, encorajadas e incorporadas ao projeto de nação com mobilidade socioeconômica e política, considerando suas necessidades específicas. São justamente as que mais demandam investimentos para enfrentar e superar as barreiras de gênero e raça, impeditivas da fluidez dos nossos passos na direção dos centros de poder. Por isso é fundamental que os governos invistam em uma infraestrutura de serviços públicos que contribuam com a libertação das mulheres dos trabalhos domésticos, que reeduquem a sociedade em relação à paternidade responsável e à redefinição da divisão sexual e racial do trabalho. É indispensável que os partidos promovam a distribuição dos recursos do Fundo Partidário e do Fundo Especial de Financiamento de Campanha, levando em conta a urgente necessidade de ultrapassar as barreiras da sub-representação de mulheres negras, indígenas e trans nos espaços eletivos do Legislativo e do Executivo. É preciso aplicar dinheiro nessas candidaturas, superando assim o subfinanciamento dessas postulantes a cargos públicos, que se evidencia a cada processo eleitoral.

Há que se ter atenção ao princípio da isonomia, garantido na Constituição: tratar igualmente os iguais e desigualmente os desiguais. Como já abordamos, os homens brancos, cisgêneros, héteros, adultos e ricos são super-representados nos centros de direção da sociedade, enquanto a juventude, as mulheres negras, indígenas e trans são sub-representadas. Para corrigir essa distorção, é preciso dar mais apoio a quem mais necessita. Na minha experiência eleitoral, vejo que é comum candidatas que estão iniciando na atividade política reivindicarem que todas as candidaturas tenham acesso ao mesmo valor do fundo eleitoral, como forma de afirmar o tratamento igual na partilha. No entanto, esse tipo de igualdade pode se tornar uma armadilha. Não se deve tratar candidaturas potencialmente desiguais como equivalentes. Se assim se procede, candidaturas mais viáveis que, entretanto, receberam valores insuficientes em nome de uma repartição de mesmo peso, poderiam ficar sem fôlego financeiro para alcançar a vitória. Desse modo, os partidos e grupos de apoio precisam dar as condições financeiras para que todas as candidatas possam fazer suas campanhas dignamente, mas garantir maiores investimentos para aquelas com maior viabilidade eleitoral.

Muitos quadros políticos podem ser revelados num processo eleitoral. Mesmo não ganhando na primeira candidatura, uma mulher pode ser bem votada e passar a ser vista pelo povo como alguém que deve ser priorizada nos pleitos seguintes, ao demonstrar potencial para chegar lá. Mas não queremos só mulheres negras candidatas, sobretudo as pretas, as retintas que são as mais excluídas. Queremos mulheres negras eleitas. Portanto, é preciso que os partidos distribuam os recursos financeiros tendo como parâmetro a equidade de gênero e étnico-racial. É muito importante termos numerosas candidaturas, porém são fundamentais projetos estratégicos para garantir vitórias nas urnas. Devemos prover esforços para desconstruir os estereótipos de subestimação da nossa imagem, lutar por políticas de formação de lideranças, políticas que combatam a escassez de financiamento, abrindo oportunidades de promoção de mulheres negras, indígenas e trans nas instâncias de direção dos partidos políticos e também nos movimentos sociais mistos, a fim de que essas pessoas sejam eleitas para qualquer cargo público.

Atenção especial deve ser dada ao enfrentamento da violência política, que impacta, de maneira sórdida as mulheres, principalmente mulheres negras e trans. Na medida em que nós damos passos na busca da ocupação de espaços de poder, a violência política também se materializa em nossas vidas, na tentativa de nos desencorajar, silenciar e deter o avanço feminino nas instâncias deliberativas. Tal prática misógina é, na verdade, uma tentativa vã de manter intacta a hegemonia masculina e heteronormativa que modela secularmente os centros de poder.

É urgente o cumprimento pleno da Lei n. 14.192/21, que estabelece normas para 'prevenir, reprimir e combater a violência política contra a mulher nos espaços e atividades relacionadas ao exercício de seus direitos políticos e de suas funções públicas, e para assegurar a participação de mulheres em debates eleitorais e dispõe sobre os crimes de divulgação de fato ou vídeo com conteúdo inverídico no período de campanha eleitoral". Deve haver uma politica continuada de fiscalização e acompanhamento dos partidos, identificando os que promovem esforços reais e os que sabotam sistematicamente a agenda de empoderamento das mulheres. E é urgente a necessidade de campanhas nacionais, estaduais e nas cidades de conscientização e valorização das mulheres na política, na sua diversidade do que nós somos. A misoginia, transfobia e o racismo se entrelaçam e criam realidades de violação de direitos e subrepresentação. Inúmeros casos de ameaça, agressão verbal, agressão física e até letal, como foi o caso extremo dos assassinatos de Marielle Franco e do seu motorista Anderson Gomes, revelam o prejuízo civilizatório decorrente da violência política de gênero, que não pode seguir impunimente.

Há que se enfrentar com luta os artifícios que os partidos políticos, constituídos majoritariamente por homens e impregnados de uma cultura machista, têm utilizado para burlar as punições previstas quanto ao não cumprimento das cotas de gênero e raça que constam na legislação eleitoral. Um exemplo é a PEC 18/21 que assegura anistia aos partidos que não utilizarem os percentuais mínimos de financiamento de campanhas de mulheres e de promoção e difusão da participação política das mulheres. Tal iniciativa, que une forças partidárias diversas para sabotar um direito conquistado pelos movimentos feministas, além de outros grupos de mulheres, é uma prova de que não basta ter a lei. Haverá sempre aqueles que tentarão inviabilizar a legislação ou torna-la inócua, fazendo prevalecer os costumes machistas e de exclusão de gênero, que atentam contra o compartilhamento de poder com as mulheres, sobretudo mulheres negras, indígenas e trans, alvos ainda mais impactados.

E para que as transformações do poder não se limitem à estética étnica e de gênero, mas sejam eficazes, reparadoras e duradouras, é preciso que o projeto de emancipação dos povos não brancos seja revolucionário e se encontre com a perspectiva anticapitalista, socialista, antirracista, feminista; e que, ao invés de consumir vorazmente os recursos naturais do nosso planeta, seja ambientalmente e socialmente sustentável.

Em vez de a nossa diversidade ser usada como elementos de desqualificação, hierarquização e subalternização de pessoas, é essencial celebrá-la como potência criativa, riqueza e beleza. E que as nossas organizações coletivas sejam capazes de romper as barreiras que tentam deter a força política das mulheres negras. Sim, nossos passos vêm de longe, e é urgente a travessia para uma sociedade sem racismo, sem sexismo, na qual possamos vivenciar a justiça social, a liberdade e a plena emancipação humana.

REFERÊNCIAS

AGÊNCIA BRASIL. Mulheres são mais votadas no Chile, mas lei as obriga a ceder lugares. 18 de maio de 2021. Disponível em: <https://agenciabrasil.ebc.com.br/internacional/noticia/2021-05/mulheres-sao-mais-votadas-no-chile-mas-lei-obriga-ceder-lugares>. Acesso em: 16 jan. 2022.

ALBUQUERQUE, Wlamyra. *O Jogo da Dissimulação*: abolição e cidadania negra no Brasil. São Paulo: Companhia das Letras, 2009.

ARAÚJO, Clara. Mulheres no Parlamento. *A Terra é Redonda*. 18 de junho de 2021. Disponível em: <https://aterraeredonda.com.br/mulheres-nos-parlamentos/>. Acesso em: 19 jan. 2022.

ARAÚJO, Joel Zito. O negro na telenovela, um caso exemplar da decadência do mito da democracia racial brasileira. *Revista Estudos Feministas*, Florianópolis, v. 16, n. 3, set./dez. 2008. p. 982. Disponível em: <https://www.scielo.br/j/ref/a/9ZGKYRnVx8rmgZDYs6NBrVv/?format=pdf&lang=pt >. Acesso em: 09 jan. 2022.

ARQUIVO NACIONAL. *Série Mulheres e o Arquivo:* Maria Luiza Bittencourt. 1º de maio de 2019. Disponível em: <https://www.gov.br/arquivonacional/pt-br/canais_atendimento/imprensa/noticias/serie-mulheres-e-o-arquivo-maria-luiza-bittencourt>. Acesso em: 08 jan. 2022.

BAHIA ECONÔMICA. População feminina é maioria na Bahia com 51,6%, aponta IBGE. 06 de maio de 2020. Disponível em: <https://bahiaeconomica.com.br/wp/2020/05/06/populacao-feminina-e-maioria-na-bahia-com-516-aponta-ibge/>. Acesso em: 06 jan. de 2022.

BEAUVOIR, Simone de. *O Segundo Sexo*. Rio de Janeiro: Nova Fronteira, 2009.

BERMÚDEZ, Ángel. Morte de George Floyd: 4 fatores que explicam por que caso gerou onda tão grande de protestos nos EUA. *BBC News Brasil.* 2 de junho de 2020. Disponível em: <https://www.bbc.com/portuguese/internacional-52893434>. Acesso em: 20 out. 2020.

BRASIL. Constituição (1988). Emenda constitucional nº 95, de 15 de dezembro de 2016. Disponível em: <http://<<www.planalto.gov.br/ccivil_03/constituicao/emendas/emc/emc95.htmhttp://www.planalto.gov.br/ccivil_03/constituicao/emendas/emc/emc95.htm>. Acesso em: 08 ago. 2021.

_____. Decreto nº 65.810, de 8 de dezembro de 1969. Brasília, 1969. Disponível em: <http://www.planalto.gov.br/ccivil_03/decreto/1950-1969/D65810.html>. Acesso em: 18 jan. 2022.

_____. Lei nº 9.504, de 30 de setembro de 1997. Brasília, 1997. Disponível em: <http://www.planalto.gov.br/ccivil_03/leis/l9504.htm>. Acesso em: 15 jan. 2022.

CASTRO, Mary Garcia. "A Questão Identidade: Desafios para o Marxismo- Notas". *Revista Princípios,* n. 157.

COLLINS, Patricia H. *Pensamento Feminista Negro.* São Paulo: Ed. Boitempo, 2019.

DA REDAÇÃO. Com resultado histórico, democrata Raphael Warnock se torna primeiro senador negro da Geórgia. UOL. 06 de janeiro de 2021. Disponível em: <https://cultura.uol.com.br/noticias/15361_com-resultado-historico-democrata-raphael-warnock-se-torna-primeiro-senador-negro-da-georgia.html>. Acesso em: 20 jul. 2021.

DAVIS, Angela. *A Liberdade é uma Luta Constante.* São Paulo: Ed. Boitempo, 2018.

_____. *Mulheres, Cultura e Política.* São Paulo: Ed. Boitempo, 2016.

FARIAS, Ingrid. A Estética é Política. *Justificando.* 18 de setembro de 2019. Disponível em: <https://www.justificando.com/2019/09/18/estetica-e-politica/>. Acesso em: 12 jan. 2022.

FERREIRA, Vinicius (IOC/Fiocruz). Atenção à doença de Chagas. *FIOCRUZ.* Disponível em: <https://portal.fiocruz.br/noticia/atencao-doenca-de-chagas>. Acesso em: 20 mai. 2022.

FREYRE, Gilberto. *Casa-Grande e Senzala.* São Paulo: Global Editora, 2006.

G1 – BA. Investigação policial conclui que morte de Moa do Katendê foi motivada por briga política; inquérito foi enviado ao MP. 17 de outubro de 2018. Disponível em: <https://g1.globo.com/ba/bahia/noticia/2018/10/17/investigacao-policial-conclui-que-morte-de-moa-do-katende-foi-motivada-por-briga-politica-inquerito-foi-enviado-ao-mp.ghtml>. Acesso em: 28 nov. 2021.

_____. Uma em cada 5 pessoas na Bahia se declara preta, aponta IBGE. 22 de maio de 2019. Disponível em: https://g1.globo.com/ba/bahia/noticia/2019/05/22/uma-em-cada-5-pessoas-na-bahia-se-declara-preta-aponta-ibge.ghtml. Acesso em: 05 jan. 2022.

HAJE, Lara. Baixa representatividade de brasileiras na política se reflete na Câmara. *Câmara dos Deputados.* 29 de março de 2019. Disponível em: <https://www.camara.leg.br/noticias/554554-baixa-representatividade-de-brasileiras-na-politica-se-reflete-na-camara/>. Acesso em: 5 nov. 2021.

HOOKS, Bell. *Olhares Negros*: Raça e Representação. São Paulo: Ed. Elefante, 2019.

JESUS, Carolina Maria de. *Quarto de despejo* – diário de uma favelada. São Paulo: Editora Ática, 2014.

LENIN, Vladímir I. *O Estado e a Revolução.* São Paulo: Boitempo Editorial, 2017.

_____. *Sobre a Emancipação da Mulher.* São Paulo: Ed. Alfa-Omega, 1980.

LILLA, Mark. *O progressista de Ontem e o do Amanhã:* desafios da democracia liberal no mundo do pós-políticas identitárias. São Paulo: Ed. Companhia das Letras, 2017.

LORDE, Audre. *Irmã Outsider:* Ensaios e Conferências. Belo Horizonte: Autêntica, 2019.

LOBATO, Monteiro. *Prefácios e entrevistas*. São Paulo: Globo, 2009.

MANO, Maíra Kubík. *Atuar como Mulheres:* um olhar sobre a política institucional. Curitiba: Editora Appris, 2021.

MARX, Karl. *A Miséria da Filosofia*. São Paulo: Ed. Global Editora, 1985.

MBEMBE, Achille. *Necropolítica:* biopoder, soberania, estado de exceção política da morte. São Paulo: Ed. N-1 Edições, 2018.

MELLO, Igor. Letalidade policial é recorde no país. Negros são 78% dos mortos. 15 de julho de 2021. **UOL**. Disponível em: <https://noticias.uol.com.br/cotidiano/ultimas-noticias/2021/07/15/letalidade-policial-e-a-mais-alta-da-historia-negros-sao-78-dos-mortos.htm>. Acesso em: 22 jan. 2022.

MEMÓRIA Globo. Crise do Painel do Senado. Disponível em: <https://memoriaglobo.globo.com/jornalismo/coberturas/crise-do-painel-do-senado/noticia/crise-do-painel-do-senado.ghtml >. Acesso em: 24 jun. 2022.

MENEZES, Jamile. Giovane Sobrevivente – "A poesia tem que chegar antes da bala". *Soteropreta*. 17 de outubro de 2016. Disponível em: <https://portalsoteropreta.com.br/giovane-sobrevivente-poesia-tem-que-chegar-antes-da-bala/>. Acesso em: 26 dez. 2021.

MINIONU. A Comissão Sobre a Situação das Mulheres (CSW) e os 20 anos da Declaração de Pequim. 2017. Disponível em: <https://minionupucmg.wordpress.com/2017/09/11/a-comissao-sobre-a-situacao-das-mulheres-csw-e-os-20-anos-da-declaracao-de-pequim/>.

MOREIRA, Adilson. *Racismo recreativo*. São Paulo: Pólen, 2019.

MOURA, Clóvis. *Dialética Radical do Brasil Negro*. São Paulo: Ed. Anita LTDA, 1994.

_____. *Rebeliões da Senzala:* quilombos, insurreições, guerrilhas. São Paulo: Ed. Anita Garibaldi, 2014. p. 120-121

OLIVEIRA, Mayara. Parlamentares pretas ou pardas são apenas 2,36% do Congresso. *Metrópoles*. 10 de dezembro de 2019. Disponível em: <https://

www.metropoles.com/brasil/politica-brasil/parlamentares-pretas-ou-pardas-sao-apenas-236-do-congresso>. Acesso em: 05 nov. 2021.

PECHIM, Lethicia. Negros morrem mais pela covid-19. *Faculdade de Medicina da UFMG*. 24 de novembro de 2020. Disponível em: <https://www.medicina.ufmg.br/negros-morrem-mais-pela-covid-19/>. Acesso em: 17 out. 2021.

PÚBLICA – Agência de Jornalismo Investigativo. Negras no poder. 10 de agosto de 2018. Disponível em: <https://apublica.org/2018/08/negras-no-poder/>. Acesso em: 30 set. 2021.

RIBEIRO, Djamila. *Lugar de Fala.* São Paulo: Jandaíra, 2019.

RODRIGUES, Léo. Legado de Marielle: assessoras são eleitas para Assembleia do Rio. *Agência Brasil.* 12 de dezembro de 2018. Disponível em: <https://agenciabrasil.ebc.com.br/politica/noticia/2018-10/legado-de-marielle-assessoras-sao-eleitas-para-assembleia-do-rio>. Acesso em: 24 set. 2021.

RODRIGUES, Márcia. Apenas 28,4% dos trabalhadores domésticos têm carteira assinada. *R7.* 18 de agosto de 2019. Disponível em: /<https://noticias.r7.com/economia/apenas-284-dos-trabalhadores-domesticos-tem-carteira-assinada-19082019>. Acesso em: 06 jan. 2022.

SECCHI, Leonardo (Coord.). *Mandatos Coletivos e Compartilhados – Desafios e possibilidades para a representação legislativa no século XXI.* Rede de Ação Política pela Sustentabilidade (RAPS). 2019. Disponível em: <https://www.raps.org.br/2020/wp-content/uploads/2019/11/mandatos_v5.pdf>. Acesso em: 07 out. 2021.

SECRETARIA DO TRABALHO, EMPREGO, RENDA E ESPORTE DA BAHIA. *A Vitrine da Economia Solidária de Matriz Africana.* Salvador: Egba, 2018. Disponível em: <http://www.setre.ba.gov.br/arquivos/File/Livros/Livro_AvitrinedaEconomiaSolidariadematrizafricana.pdf.> Acesso em: 07 out. 2021.

SEIXAS, Kleyzer. Vice negra é passo para valorizar lideranças femininas.

Portal Geledés. Disponível em: <https://www.geledes.org.br/vice-negra-e-passo-para-valorizar-lideranca-feminina/>. Acesso em: 24 jun. 2022.

SOARES, Luis. Oportunismo eleitoral: ACM Neto tenta fugir de posição do DEM contra cotas. *Pragmatismo Político*. Disponível em: <https://www.pragmatismopolitico.com.br/2012/09/acm-neto-pelegrino-cotas-eleicoes-salvador.html>. Acesso em: 29 de jun. 2022.

TAYLOR, Keeanga-Yamahtta. *De #BlackLivesMatter a La Liberación Negra*. Buenos Aires: Ed. Tinta Limon, 2017.

TRIBUNAL SUPERIOR ELEITORAL. Número de mulheres eleitas em 2018 cresce 52,6% em relação a 2014. Disponível em: <https://www.tse.jus.br/imprensa/noticias-tse/2019/Marco/numero-de-mulheres-eleitas-em-2018-cresce-52-6-em-relacao-a-2014>. Acesso em: 16 jan. 2018.

_____. Plenário mantém cassação de vereadores envolvidos em caso de candidaturas fraudulentas no Piauí. 17 de setembro de 2019. Disponível: <https://www.tse.jus.br/imprensa/noticias-tse/2019/Setembro/tse-mantem-cassacao-de-vereadores-envolvidos-em-caso-de-candidaturas-fraudulentas-no-piaui>. Acesso em: 31 jan. 2022.

_____. TSE aprova quatro resoluções com regras para as Eleições 2022. 09 de dezembro de 2021. Disponível em: <https://www.tse.jus.br/imprensa/noticias-tse/2021/Dezembro/tse-aprova-quatro-resolucoes-com-regras-para-as-eleicoes-2022>. Acesso em: 31 jan. 2022.

THURLER, Ana Liési. "Outros horizontes para a paternidade brasileira no século XXI?" *Sociedade e Estado*, Brasília, v. 21, n. 3, p. 681-707, set/dez 2006. p. 681-688. Disponível em: <https://www.scielo.br/j/se/a/FsVXTQNTVZzNjtrVvnfCRnJ/?format=pdf&lang=pt>. Acesso em: 12 nov. 2021.

VIEIRA, Douglas. A força do agora de Erica Malunguinho. *Elástica*. 21 fev. 2021. Disponível em: <https://elastica.abril.com.br/especiais/erica-malunguinho-politica-transfobia-presente-futuro/https://elastica.abril.com.br/especiais/erica-malunguinho-politica-transfobia-presente-futuro/>. Acesso em: 24 fev. 2021.

ZAMBELE, Fábio. Fala de Lula sobre aborto ajuda Bolsonaro a levar 'pauta de costumes' para a campanha. *Jota*. Disponível em: <https://www.jota.info/eleicoes/fala-de-lula-sobre-aborto-ajuda-bolsonaro-a-levar-pauta-de-costumes-para-a-campanha-07042022>. Acesso em: 02 jun. 2022.

ANEXO

CARTA DAS MULHERES AO POVO BRASILEIRO

Nós, delegadas, representando as brasileiras presentes nas conferências Municipais e Estaduais, reunidas na 4ª. Conferência Nacional de Políticas para as Mulheres, cujo tema é "Mais Direitos, Poder e Participação para as Mulheres", nos dirigimos ao povo brasileiro para expressar nosso repúdio veemente ao golpe de Estado que pretende interromper o mandato da primeira e única mulher que venceu duas eleições presidenciais e tem, até o ano de 2018, o direito e a legitimidade de exercer o comando da nação.

A disputa política é salutar, quando ocorre nos marcos da legalidade. O que está acontecendo no Brasil é completamente fora da ordem institucional. A presidenta Dilma Rousseff sofreu um processo de abertura de impeachment numa sessão da Câmara de Deputados, realizada no dia 17 de abril, orquestrado por forças oposicionistas, pelo vice-presidente Michel Temer, e pelo presidente da Câmara dos Deputados, Eduardo Cunha, que é réu em processos de corrupção e lavagem de dinheiro, razão pela qual foi afastado recentemente do cargo de deputado, por decisão do Supremo Tribunal Federal.

A sessão entrará para a história como um triste episódio, pelo baixo nível do debate político e porque não há, no processo, nenhum crime de responsabilidade praticado pela presidenta, nenhuma violação dos princípios constitucionais que justifique a drástica medida da perda do mandato que a ela foi assegurado por mais de 54 milhões de brasileiras e brasileiros. Caso a admissibilidade do impeachment seja aprovada no Senado, tal medida trará graves consequências para a jovem democracia brasileira. Estaremos diante de uma ruptura institucional, no momento em que o país completa apenas três décadas do fim da ditadura militar. A presidenta é uma mulher honesta, que dedicou grande parte de sua juventude à luta pela liberdade e pelo resgate da democracia, sendo objeto de um golpe jurídico-parlamentar-midiático, que lhe acarretará a perda de seu mandato e o direito de exercer cargos públicos durante oito anos.

Desde que se reelegeu, a presidenta Dilma Rousseff tem sofrido ataques sistemáticos. Seu governo está sob permanente cerco de forças políticas opositoras, da grande mídia, de parte do Poder Judiciário e outras instituições que deveriam preservar o estado democrático de direito e põem a democracia em grave risco, com o apoio dos holofotes midiáticos. Aqueles que perderam quatro eleições seguidas estão determinados a interromper o projeto de governo popular que promoveu e ampliou os direitos civis e sociais de milhões de brasileiros.

Querem culpar a presidenta pela crise econômica em curso, embora saibam que a crise é global e atinge economias de grandes países capitalistas em todo o mundo, a exemplo dos EUA, em 2009, e diversos países europeus. A grande instabilidade política que impera no Brasil é que agrava ainda mais a situação e inviabiliza a gestão da presidenta e sua equipe, impedindo-as de conduzir o Brasil para uma virada e retomada do caminho do crescimento e da distribuição de renda.

Repudiamos os ataques que a presidenta da República vem sofrendo, que a atingem principalmente na sua condição de mulher. Charges, memes, hashtags pornográficas, adesivos alusivos ao estupro da presidenta, reportagens de jornais e revistas traduzem o duro viés do discurso misógino, fundado no patriarcalismo estrutural, que existe na sociedade. Tudo é feito para incapacitar, para desconstruir a imagem de Dilma, enquanto gestora e mulher, aos olhos do povo – o que agride não só a ela, mas a todas as mulheres.

Declaramos nosso apoio à presidenta, entendendo que divergências políticas e ideológicas devem ser manifestadas nos marcos da legalidade e do respeito às regras do bom convívio social. Se tivéssemos a história da humanidade registrada pelo reconhecimento das experiências das mulheres, por certo a história da construção política da democracia e dos estados democráticos de direito vivenciariam formas mais coletivas de se posicionar. E não diante dos embustes reproduzidos pela globalização, mas pelas lições de responsabilidade para com o bem comum, tão presentes às experiências históricas de gerações e gerações de mulheres.

E é assim que queremos nos manifestar, com a certeza de que seguiremos juntas, enfrentando as novas dinâmicas de um patriarcalismo que também se renova na vileza dos fascismos contemporâneos. Nunca sozinhas, e muito menos poucas. Nossas alianças não estão paralisadas nas nossas diferenças. Ao contrário, evidenciam a força que segue brotando de nossas cumplicidades e nos impelem ao permanente exercício da luta que, temos certeza, seguirão transformando nossa sociedade. Por sabermos que nenhuma de nós se sustenta fora desta esteira é que em nosso exercício sempre cabe o reconhecimento por aquilo que cada uma tentou em benefício de todas nós. Seguimos empoderadas em nosso exercício de caminhar rumo à justiça social e igualdade.

Por fim, nós mulheres queremos que o combate à corrupção se dê através de uma ampla Reforma Política, com participação popular, que mude radicalmente o processo de financiamento das campanhas e que garanta mecanismos de ampliação da representação das mulheres, de diferentes gerações, da representação negra, de trabalhadoras rurais, das lésbicas e trans, das ciganas, das idosas, das pessoas com deficiência e de outros grupos historicamente excluídos, nas instâncias dos poderes legislativos e executivos.

As emblemáticas palavras da presidenta nos impelem a lutar pela restauração da verdadeira justiça: "Pode-se descrever um golpe de Estado com muitos nomes, mas ele sempre será o que é: a ruptura da legalidade, atentado à democracia. Não importa se a arma do golpe é um fuzil, uma vingança ou a vontade política de alguns de chegar mais rápido ao poder".

Conclamamos a todos e a todas, cidadãs e cidadãos brasileiros, a defender a democracia, a não aceitar nenhum governo que não passe pelo crivo das urnas. A Constituição de 1988 é nítida em seu artigo 1º, parágrafo único: "Todo poder emana do Povo, que o exerce por meio de seus representantes eleitos, ou diretamente...". Cumpra-se, portanto, o princípio constitucional, garantindo o pleno exercício do mandato da presidenta da República, Dilma Rousseff, eleita democraticamente.

> Pela Democracia – Por nós!!! Por todas as mulheres! Por todo o povo brasileiro! DILMA FICA!!!
> Brasília, 11 de maio de 2016.[89]

---

[89] Fonte: 4ª Conferência Nacional de Políticas para as Mulheres.
FETAGRO. Carta das mulheres ao povo brasileiro. Disponível em: <http://fetagro.org.br/noticias/1203-carta-das--mulheres-ao-povo-brasileiro>. Acesso em: 12 jun. 2022.

Esta obra foi composta em Arno pro light 13 e impressa para a Editora Malê na gráfica EXKLUSIVA, em julho de 2023.